50
coisas que você pode
fazer para combater a
DOR NAS COSTAS

Dr. Keith Souter

50
coisas que você pode fazer para combater a
DOR NAS COSTAS

Prefácio do dr. Quincy Rabot, osteomiologista e especialista em dor nas costas e em medicina esportiva

Tradução
Gabriela Machado

Lafonte

Título original: *50 things you can do today to manage back pain*
Copyright © Keith Souter, 2011
Copyright © Editora Lafonte Ltda., 2011
O texto deste livro foi editado conforme as normas do novo acordo ortográfico
da língua portuguesa, em vigor no Brasil desde 1º de janeiro de 2009.

Todos os direitos reservados.
Nenhuma parte deste livro pode ser reproduzida sob quaisquer
meios existentes sem autorização por escrito dos editores.

Edição brasileira

Publisher *Janice Florido*
Editoras *Fernanda Cardoso, Elaine Barros*
Editora de arte *Ana Dobón*
Diagramação *Linea Editora Ltda.*

Dados Internacionais de Catalogação na Publicação (CIP)
(Câmara Brasileira do Livro, SP, Brasil)

Souter, Keith
50 coisas que você pode fazer para combater a dor nas costas / Keith Souter ; prefácio do Quincy Rabot ; tradução Gabriela Machado. -- São Paulo : Editora Lafonte Ltda., 2011.

Título original: 50 things you can do today to manage back pain.
ISBN 978-85-64264-53-3

1. Dores nas costas 2. Medicina alternativa 3. Medicina holística 4. Medicina preventiva I. Rabot, Quincy. II. Título.

11-08096   CDD-613

Índice para catálogo sistemático:

1. Dores nas costas : Diagnóstico e tratamento : Medicina holística   613

1ª edição brasileira: 2011
Direitos de edição em língua portuguesa, para o Brasil,
adquiridos por Editora Lafonte Ltda.

Av. Profa. Ida Kolb, 551 — 3º andar — São Paulo — SP — CEP 02518-000
Tel.: 55 11 3855-2290 / Fax: 55 11 3855-2280
atendimento@larousse.com.br • www.editoralafonte.com.br

Para minha amiga Tricia

Agradecimentos

Gostaria de agradecer a Isabel Atherton, minha maravilhosa agente da Creative Authors, que parece saber exatamente quando um livro em particular é necessário. Agradeço também a Quincy Rabot por concordar gentilmente em escrever o prefácio, a Jennifer Barclay, que se incumbiu deste título, a Chris Turton e Abbie Headon pelas proveitosas recomendações editoriais.

Foi um prazer trabalhar neste livro, já que o processo da escrita ajuda a aclarar o conhecimento clínico de um profissional. Espero que seja útil para qualquer pessoa que sofra com dores nas costas.

Sumário

Observação do Autor 13

Prefácio 15

Introdução 17

Capítulo 1 ▪ Dor nas Costas 19
   1. Não entre em pânico 19
   2. Saiba qual a função das costas 20
   3. Avalie o seu tipo de dor nas costas 23
   4. Entenda as causas da dor nas costas 25
   5. Reduza o risco de ter problemas nas costas 31
   6. Consulte um médico 33

Capítulo 2 ▪ Primeiros Socorros para Dor Aguda
          nas Costas 37
   7. Descanse apenas por um período curto de tempo. 37
   8. Tome analgésicos 40
   9. Tome anti-inflamatórios 41
  10. Experimente uma substância que rubifica a pele... 43
  11. Use um tratamento quente e frio 48
  12. Faça uma massagem 51

Capítulo 3 ▪ Controle da Dor.................... 53
13. Entenda como a dor é percebida.................... 54
14. Use sua imaginação como um analgésico............ 58
15. Descubra o conceito do ciclo vital.................... 60
16. Faça um diário da dor............................... 64

Capítulo 4 ▪ Melhore Sua Postura.................. 67
17. Olhe-se no espelho.................................. 68
18. Cuide bem de suas três curvaturas................. 70
19. Fique de pé da maneira correta..................... 71
20. Sente-se direito..................................... 73
21. Use calçados apropriados e talvez consulte um ortopedista ou um podólogo....................... 77
22. Só carregue aquilo de que precisar.................. 80
23. Não se acomode com o uso de um colete lombar ou uma bengala................................... 82
24. Faça um esforço para ser ambidestro................ 84
25. Experimente a técnica de Alexander ou faça ioga ou tai chi... 86

Capítulo 5 ▪ Beneficie-se de Movimento e Exercício.. 91
26. Mantenha-se em movimento para evitar a rigidez muscular... 92
27. Exercite-se para diminuir a dor..................... 94
28. Exercite-se para alongar as costas................... 98
29. Exercite-se para fortalecer o abdômen............... 99
30. Escolha esportes que sejam bons para as costas... 101

Capítulo 6 ▪ Pense em como Adaptar Seu Estilo de Vida.. 105
31. Acabe com os maus hábitos........................ 105

32. Corte os alimentos de baixo valor nutritivo
 e concentre-se em atingir um IMC saudável 108
33. Use alimentos e temperos anti-inflamatórios 110
34. Considere a ideia de tomar suplementos 114
35. Consiga ajuda no trabalho 116
36. Aprenda a levantar coisas da maneira apropriada 119
37. Escolha a cama certa 122
38. Desfrute de sua vida sexual 124

Capítulo 7 ▪ Encare Suas Costas de Maneira Positiva 129
39. Seja otimista 129
40. Seja independente 133
41. Não guarde mágoas 134
42. Medite 136

Capítulo 8 ▪ Terapias Complementares do Tipo "Faça Você Mesmo" 141
43. Experimente acupuntura e acupressão 142
44. Use a reflexologia 144
45. Experimente remédios fitoterápicos 145
46. Beneficie-se de remédios homeopáticos 148
47. Faça hidroterapia em casa 152
48. Use a gravidade para ajudar suas costas 158
49. Aplique um ímã ou experimente usar uma pulseira de cobre 160

Capítulo 9 ▪ Quem Mais Poderia Ajudar? 165
50. Consulte um especialista 166

Glossário 171

Observação do Autor

Quando eu era um estudante de medicina, aprendi na faculdade uma lista das causas da dor nas costas. Conhecê-las era o suficiente para passar pelo curso de graduação, mas, quando alguém se aventurava pelos prontos-socorros pela primeira vez e via gente de verdade com dores reais nas costas, a tal lista não era tão útil assim. O surpreendente era que muito poucos dos pacientes que encontrei sofriam, de fato, em função das causas que nos tinham ensinado. Então, anos mais tarde, na clínica geral, tornou-se óbvio que o treinamento que me fora dado como estudante acerca da dor nas costas era inadequado para lidar com o espectro de tipos de dores nas costas com que eu me deparava no dia a dia.

Cerca de 20 anos atrás, um parente próximo teve um prolapso de um disco intervertebral, ou, como é comumente conhecido (embora de maneira incorreta), uma hérnia de disco. Ele tentou todos os tipos de coisas que poderiam ajudar, antes de ser finalmente diagnosticado e tratado com cirurgia. Sendo um esportista talentoso, isso infelizmente encurtou sua vida esportiva. Outro parente mais distante lidou com um distúrbio crônico nas costas fazendo ioga e visitando regularmente um quiroprático. Ambos me consultavam de vez em quando, e eu lhes dava o melhor conselho que podia, embora minha própria compreensão da dor nas costas ainda tivesse um longo caminho a percorrer.

Então, certo ano, distendi os músculos das costas ao me abaixar para colher morangos. Senti uma dor aguda instantânea na região lombar, como se tivesse sido atacado por trás por um assaltante invisível. Não consegui me mexer por vários minutos e a dor era desesperadora. E foi conforme lutei para voltar à normalidade durante as próximas duas semanas que resolvi aprofundar meus conhecimentos sobre a dor nas costas para me proteger contra outro episódio, assim como me tornar mais bem preparado como médico.

Descobri ser essa uma tarefa difícil, porque as pessoas sofrem de dor nas costas de maneiras diferentes, com limiares diferentes de dor, compleições diferentes de corpo, ocupações distintas e estilos de vida muito variados. Contudo, no decorrer dos anos, desenvolvi um leque de estratégias, mirando a princípio as medidas de primeiros socorros, mudanças no estilo de vida e diferentes terapias, inclusive acupuntura e outros tratamentos. Descobri que há quase sempre conselhos úteis para combater a dor nas costas. Dentre eles estão as 50 coisas mais importantes, inclusas neste livro, para você começar a usá-las hoje mesmo.

Dr. Keith Souter

Prefácio

De Quincy Rabor, osteomiologista e especialista em dor nas costas e em medicina esportiva

Se você está lendo estas linhas, é muito provável que sofra de dor nas costas ou tenha sofrido desse tipo de dor no passado.

Depois do estresse, a dor nas costas é a segunda causa mais comum de doença no Reino Unido. No Brasil, atinge a cifra de 36% da população, segundo dados da Escola Nacional de Saúde Pública. Ler este livro inteiro talvez seja uma das melhores coisas que você pode fazer.

Percebi que, em 30 anos tratando problemas das costas, a crença que se destaca entre os pacientes é de que a causa da dor foi um acontecimento; ou por terem levantado algo de maneira errada, tombos, torção do corpo de forma desajeitada ou uma noite em um colchão ruim e assim por diante. Essa é uma concepção errada muito comum. O acontecimento, muito provavelmente, foi apenas um fator desencadeante. A causa verdadeira deve ter sido um padrão complexo de desequilíbrio musculoesquelético e disfunção que se estabeleceram durante um período de muitos anos. Nessas ocorrências, é apenas uma questão de tempo até que resulte em espasmo muscular e dor, ou, pior ainda, em ligamentos rompidos e em ruptura ou prolapso de disco.

O mais importante de se entender é que tais desequilíbrios no sistema neuromuscular podem ser causados por muitos aspectos do estilo de vida: a atitude mental, as reações emocionais a acontecimentos da vida, postura e hábitos no trabalho, os esportes e exercícios praticados ou não e até mesmo a dieta alimentar.

Como digo a meus pacientes, tratar um episódio de dor nas costas com um bom osteoneuromiologista, osteopata ou fisioterapeuta é como cortar o topo de um iceberg. Não sentir dor não significa que o problema sumiu. É preciso fazer algumas mudanças nos padrões neuromusculares e trabalhar no sentido de recuperar bons padrões funcionais para continuar livre da dor.

Isso pede alguma educação a respeito de como as costas funcionam e sobre o que é preciso fazer de maneira a promover as mudanças necessárias. O que o dr. Keith Souter fez neste livro claro, repleto de esplêndidas informações e bem planejado foi proporcionar todas as informações de que você precisa em sua jornada rumo a uma boa, saudável e funcional utilização de suas costas. Tudo que você precisa dar em troca é um pouco de aplicação e de esforço! Valerá muito a pena.

Introdução

A dor nas costas é muito comum. No Reino Unido, hoje, mais de 2,5 milhões de pessoas sofrem regularmente de dor nas costas. Segundo a Organização Mundial da Saúde (OMS), estima-se que 80% da população mundial sofrerá ao menos um episódio de dor nas costas em algum estágio da vida. Pesquisas publicadas no *British Medical Journal*, em 2000, sugerem que no ano anterior metade da população adulta do Reino Unido sofreu de dor nas costas por mais de 24 horas. Essa é a segunda razão mais comum de falta ao trabalho e resulta, atualmente, em cerca de 9,3 milhões de dias perdidos de trabalho por ano. Ninguém está imune à dor nas costas e ela pode ter um efeito dramático sobre a vida familiar, relacionamentos, trabalho e bem-estar em geral. Segundo pesquisas, essa é a primeira razão para uma consulta médica. Dores na coluna apenas perdem para dores de cabeça, segundo dados de estudos mundiais.

Pesquisas de outros países sugerem que esses números não são estáticos, mas implicam que a preponderância da dor crônica nas costas, na região lombar, cresce de forma continuada. Uma comparação de números no Colorado, Estados Unidos, relatada nos *Archives of Internal Medicine*, em 2009, revelou que, em um período de 14 anos, a prevalência da dor crônica na coluna lombar subiu de 3,9% de adultos para 10,2%. A razão não está clara, contudo é possível supor uma relação com os crescentes níveis de obesidade na população, pois, como veremos mais adiante, é um fator significativo de risco.

Em termos de custo, o Serviço Nacional de Saúde britânico gasta mais de 1 bilhão de libras esterlinas com tratamentos para dor nas costas. Isso inclui mais de 500 milhões de libras em tratamento hospitalar, cerca de 150 milhões de libras em consultas médicas e outros 150 milhões de libras com tratamento fisioterápico. Além disso, estima-se que mais de 500 milhões de libras também são gastas no setor privado em vários tratamentos, tanto ortodoxos como complementares.

Você há de pensar que, com todo o recurso que está sendo gasto, devemos ter todas as respostas para o problema da dor nas costas. No entanto, a verdade pura e simples é que não temos. De fato, de acordo com o Royal College of General Practitioners, apenas 15% dos casos de dor nas costas são diagnosticados de maneira exata.

> **Nota:**
>
> Este livro foi escrito para ajudar as pessoas a lidar com a dor nas costas. Mas não é um substituto para a consulta médica, por isso aconselhamos aos leitores a passar por exames médicos antes de se dedicar a quaisquer exercícios ou de tomar qualquer dos suplementos ou remédios mencionados no texto.

CAPÍTULO 1

Dor nas Costas

1. NÃO ENTRE EM PÂNICO

Se você tiver uma crise de dor nas costas, não precisa entrar em pânico. Embora seja dolorosa e restrinja sua mobilidade, é muito provável que vá melhorar sozinha em um curto espaço de tempo.

Embora seja natural preocupar-se caso a dor seja causada por algum trauma sério ou algum distúrbio subjacente, na verdade a maior parte das dores das costas não é grave. A grande maioria das dores nas costas irá apresentar melhora dentro de um período de dois dias a duas semanas. As tensões mais simples nas costas não causam nenhum dano duradouro.

Vale a pena saber que cerca da metade de todas as pessoas que sofrem de uma crise de dor nas costas terá outra dentro de dois anos. A questão é que ela pode ser evitada se medidas corretas forem tomadas e as costas forem respeitadas.

Ajudá-lo a fazer isso é justamente o objetivo deste livro.

2. SAIBA QUAL A FUNÇÃO DAS COSTAS

Todos os mamíferos têm a mesma estrutura óssea básica. A maioria deles anda sobre quatro pernas, mas os seres humanos evoluíram para criaturas eretas. Essa foi uma adaptação extremamente benéfica em termos de sobrevivência das espécies. Rapidez, equilíbrio, capacidade de manobra e liberdade dos membros superiores foram o resultado, útil para uma criatura caçador-coletora com o potencial de fazer ferramentas.

A coluna vertebral

A coluna vertebral humana foi projetada para favorecer flexibilidade e mobilidade. Contudo, não é adequada de forma ideal para o estilo de vida moderno, sedentário, na postura quando nos sentamos em carros ou em escrivaninhas olhando para tela de computador e assim por diante. Retornaremos a este ponto mais adiante.

As funções principais da coluna vertebral são o suporte do peso e a proteção da medula espinhal.

Vértebras

A coluna vertebral é constituída de 33 pequenos ossos chamados vértebras. Cinco deles são fundidos para formar o sacro, uma estrutura triangular que forma a parte de trás da pélvis. Outros quatro formam o cóccix, que continua para baixo, a partir do sacro, como a cauda interna. Empilhadas sobre o topo do sacro estão 24 vértebras especializadas, separadas uma da outra por 23 discos cartilaginosos. Há sete vértebras cervicais, ou do pescoço, doze vértebras torácicas, ou do peito, e cinco vértebras lombares, ou da parte baixa das costas.

Cada vértebra consiste das seguintes partes: um corpo cilíndrico, como um carretel de linha ou um marshmallow, e um arco, que é anexado ao corpo para produzir uma estrutura semelhante a um anel que fecha o canal espinhal.

Cada "corpo" vertebral é dotado de uma superfície forte e é por meio dela e dos discos amortecedores entre cada um que o peso do corpo é suportado. Quando você corre um dedo pela espinha de alguém, sente os nós do sistema dorsal dessa pessoa.

Os tipos diferentes de vértebras têm formatos distintos porque desempenham papéis diferentes na coluna vertebral. As vértebras lombares são maiores e mais fortes que as vértebras cervicais, ou do pescoço, porque precisam suportar mais peso, porém são menos móveis.

Discos intervertebrais

Esses são bem semelhantes a pneus de carro. Consistem de um anel externo fibroso chamado de *annulus fibrosus*, que contêm uma polpa parecida com uma geleia chamada de *nucleus pulposus* (núcleo pulposo). Na verdade, são os amortecedores de impacto da coluna vertebral.

Ligamentos

As vértebras são mantidas juntas por vários pequenos filamentos fibrosos chamados de ligamentos (do latim *ligare*, que significa "amarrar", "atar"). Além disso, há dois longos e fortes ligamentos que correm pela extensão da espinha, ligando as vértebras e ajudando a mantê-la em posição de coluna.

Músculos

Os músculos das costas estão dispostos em três camadas:

- A camada superficial ou mais externa consiste do trapézio, do *latissimus dorsi* (grande dorsal), *levator scapulae* (elevador da escápula) e do romboide. Sua finalidade principal é a de mover os músculos dos membros superiores.
- A camada intermediária consiste do *serratus posterior* (serrátil póstero-superior), que possui uma parte inferior e uma parte superior. Sua função principal é a de mover as costas para ajudar a respiração.
- A camada profunda inclui o esplênio, os paraespinhais e o transverso. Sua finalidade é mover as costas.

Curvaturas

Costas saudáveis têm três curvaturas naturais: uma ligeira curvatura para a frente no pescoço (curva cervical), uma ligeira curvatura para trás na parte superior das costas (curva torácica) e uma ligeira curvatura para a frente na parte inferior das costas (curva lombar). Uma boa postura, na verdade, significa manter essas três curvas em estado natural de alinhamento equilibrado.

Medula espinhal e nervos espinhais

A medula espinhal e o cérebro constituem o sistema nervoso central. A medula espinhal se estende para baixo através do canal espinhal, formado pelas vértebras a uma distância de cerca de 45 centímetros. E continua para baixo como a cauda equina, porque remete a uma cauda de cavalo.

Os nervos espinhais emergem da medula através de canais especiais para suprir as diversas partes do corpo. Assim:

- Os nervos cervicais suprem a cabeça e o pescoço.
- Um misto de nervos cervicais e torácicos supre os membros superiores.
- Os nervos torácicos suprem o peito e o abdômen.
- Os nervos lombares suprem o tronco e as pernas.
- Os nervos sacrais e do cóccix suprem a região pélvica.

Quando qualquer um desses nervos é afetado, pode provocar dor nas costas na região a que estão relacionados. Assim sendo, uma pressão nas raízes do nervo cervical irá provocar dor no pescoço, uma pressão nas raízes do nervo lombar causará dor na parte baixa das costas e uma pressão na raiz do nervo sacral pode desencadear dor nas nádegas.

3. AVALIE O SEU TIPO DE DOR NAS COSTAS

Em princípio é importante diferenciar a dor aguda da crônica. Muita gente pensa, de maneira errada, que a dor "aguda" e a "crônica" são dois polos de um conjunto de experiências. Não é isso, pois são dois tipos muito diferentes de dor.

Dor aguda

Esta é a resposta fisiológica esperada de um estímulo que o corpo percebe como desagradável. O exemplo mais simples é o reflexo imediato de retirar a mão do fogo quando se queimam os dedos. Se a queimadura for leve, a dor sumirá em pouco tempo. Esse tipo de dor tem uma finalidade útil, já que alerta o corpo para um problema que pode ser aliviado de imediato. E faz o indivíduo agir para evitar um ferimento maior ou dano.

A "dor recorrente" se refere a episódios repetidos de dor. Este é o tipo de que você sofre com ataques repetidos de dor nas costas.

Dor crônica

A dor crônica é uma sensação contínua e desagradável, improvável de desaparecer sozinha. É o perfil típico da dor de artrite, por exemplo. Diferente da dor aguda, este tipo de dor não tem função biológica útil. Se não for tratado, o desgaste pode prejudicar seriamente a qualidade de vida do paciente.

Se a dor nas costas durar mais de 12 semanas, será considerada como dor crônica.

Na verdade, esses dois tipos de dor (aguda e crônica) podem ter mecanismos distintos e diferentes caminhos para o cérebro, onde são percebidas como "dor". A dor aguda melhora com o tempo, embora possa aparecer de novo como uma dor recorrente. A dor crônica, por seu lado, é, por definição, contínua, e o indivíduo precisará desenvolver estratégias para lidar com ela. Isso pode incluir medicação, mas é improvável que a cura se limite a isso.

Às vezes a dor nas costas é categorizada de acordo com sua duração, embora seja uma diferenciação arbitrária de certa forma.

> **Categorias de dor**
>
> **Dor aguda nas costas** — menos de 6 semanas
> **Dor subaguda nas costas** — de 6 a 12 semanas
> **Dor crônica nas costas** — 12 semanas ou mais

4. ENTENDA AS CAUSAS DA DOR NAS COSTAS

A maioria das dores nas costas acontece na parte inferior das costas, ou região lombar. Isso acontece porque essa é a base de força das costas, estruturada com músculos e por meio da qual ocorre o suporte de peso ao se caminhar, ficar de pé, inclinar-se ou se erguer. O pescoço é o próximo foco comum da espinha a ser afetado pela dor. A espinha torácica não é uma região que seja sujeita à pressão com frequência, embora possa apresentar problemas por mudanças degenerativas provocadas por osteoartrite.

Algumas causas comuns da dor nas costas

Mau jeito e distensão

Essas são as causas mais comuns da dor na parte inferior das costas. A causa é geralmente o resultado de uma lesão ao se erguer alguma coisa, ou se abaixar, um espirro ou tosse ou algum outro tipo de esforço físico.

O antigo nome de "lumbago" ainda é utilizado para a dor na parte inferior das costas que não se irradia além da região lombar. Este é um diagnóstico não específico. O problema decorre de distensão nos músculos ou ligamentos nas costas, embora seja quase impossível diferenciar as duas em um exame clínico. A dor pode ser severa, o que não significa que seja séria. Normalmente desaparece dentro de um período entre dois dias e seis semanas.

Dor miofascial

Essa dor ocorre nos "pontos-gatilho" dentro de certos músculos. "Pontos-gatilho" são pequenas regiões musculares hipersensíveis que coincidem com a frequência do desenvolvimento de pequenos nódulos. A dor miofascial é muitas vezes caracterizada pela dor que se irradia do ponto-gatilho. Pode imitar outras condições e é uma causa comum da pseudociática; isto é, produz dor nas costas e irradiação da dor na direção da perna, mas sem nenhuma alteração nos reflexos.

É uma causa comum da dor crônica nas costas e costuma ser tratável com massagem, fisioterapia e acupuntura.

Síndrome de fibromialgia

A fibromialgia é um distúrbio complexo de dores musculares em qualquer parte do corpo, inclusive as costas. Os músculos podem ficar muito sensíveis e o movimento, limitado. Normalmente se desenvolve e piora em poucas semanas. A investigação médica pode ser negativa, mas é importante que se estabeleça um diagnóstico, pois pode ser a causa subjacente de um problema crônico nas costas.

Problemas de disco

Embora as pessoas com frequência tenham medo de que um disco possa ter "escorregado", isso não acontece. O que pode ocorrer é um disco ficar saliente, quase do mesmo jeito que um pneu de carro pode se abaular, se a parede tornar-se fraca. Nesse caso, pode haver alguma irritação nos tecidos adjacentes ou nas raízes nervosas.

Às vezes um disco pode gerar um "prolapso", o que quer dizer que o anel fibroso que se assemelha ao pneu de um carro se rompeu parcialmente, deixando que um pouco do tecido mole, semelhante a uma geleia, escorra para fora. Se isso acontecer perto de um nervo, pode irritá-lo e a dor será sentida descendo pela extensão do nervo.

Ambas as causas podem provocar a ciática, irritando o nervo ciático, que é o principal nervo dos membros inferiores. Portanto, ciático é o nome que se dá para uma série de sintomas de um distúrbio em que o nervo ciático é comprimido ou irritado por inflamação, resultando em uma dor que vai da parte posterior da coxa até a parte posterior da panturrilha e pode se estender até os quadris e os pés. O nervo ciático é complexo e formado por diversas raízes nervosas lombares e sacrais. A efetiva distribuição de sensações ou dor de agulhadas ou alfinetadas pode orientar um médico a diagnosticar qual disco é pressionado em que raiz ou raízes nervosas.

Degeneração da articulação

Artrite na coluna vertebral pode resultar em crescimento ósseo sobre as vértebras, erosão da cartilagem e ressecamento e enrugamento dos discos. Além disso, as pequenas facetas articulares, que permitem às vértebras deslizar e se mover, podem ser afetadas. Geralmente isso é resultado da osteoartrite (artrose, artrite degenerativa, doença degenerativa das articulações), uma perturbação crônica das articulações caracterizada pela degeneração da cartilagem e do osso adjacente.

A síndrome das facetas é uma situação em que uma ou mais das facetas das articulações se inflamam, deixando as costas travadas. Pode ocorrer repentinamente ao se inclinar, quase como se alguém fosse chutado na curva das costas por uma força invisível.

Osteoporose

Em pessoas mais velhas, o distúrbio "osteoporose" ou "afinamento dos ossos" pode provocar dor na coluna torácica, na parte superior das costas. O processo natural de envelhecimento inclui a perda de cálcio dos ossos, mas em algumas pessoas essa perda é excessiva. Mulheres após a menopausa são as mais propensas, por isso convém consultar seu médico se você achar que corre esse risco.

A perda de massa óssea desenvolve ossos ocos, finos e de extrema sensibilidade, mais sujeitos a fraturas do pulso, quadris e das vértebras torácicas. As vértebras torácicas podem ficar distorcidas ou comprimidas em uma extremidade, tal como um marshmallow, se partir de fato. Isso acontece em "fraturas por compressão" da coluna torácica, que resulta em uma dor extrema, repentina e intensa. A osteoporose pode provocar a "corcunda de viúva", uma deformação que leva o paciente a pender para a frente.

Fatores de risco para a osteoporose

- **Histórico familiar** — se um de seus pais teve uma fratura de quadril, você pode correr o mesmo risco.
- **Idade** — a perda óssea aumenta com a idade. Acima dos 75 anos, 50% da população têm osteoporose.
- **Sexo** — mulheres são mais propensas a desenvolver osteoporose.
- **Fumar** — esse é um dos maiores fatores de risco.
- **Baixo peso corporal** — um baixo IMC (índice de massa corporal) de 19 ou menos representa um risco significativo para a osteoporose.
- **Histórico anterior de fraturas** — se você sofreu de fratura nos ossos com facilidade no passado, então pode estar em risco.

- **Problemas hormonais** — o hormônio feminino estrogênio protege os ossos, mas quando o nível cai, durante a menopausa, a proteção se vai. A menopausa precoce é, por consequência, um risco, como também o histórico de histerectomia, quando os ovários são removidos. O mesmo acontece quando há um histórico de hipertireoidismo e das glândulas paratireoides.
- **Condições de má absorção** — existem condições que podem ser associadas à absorção reduzida de cálcio dos alimentos. Por exemplo, doença celíaca ou doença de Crohn.
- **Outras condições** — artrite reumatoide, diabetes, HIV, doença crônica respiratória ou um histórico de transplante de órgãos.
- **Drogas** — alguns medicamentos prescritos podem predispor à osteoporose, incluindo esteroides por via oral, tomados por longo tempo (mais que três meses), remédios contra epilepsia, câncer de mama e câncer de próstata.

Outras doenças

Como mencionado acima, a osteoartrite é o tipo mais comum de artrite e é considerada como um problema de uso e desgaste. Há outros tipos de artrite, como a reumatoide, em que o problema é a inflamação das articulações. Esta é caracterizada pela rigidez matinal, que melhora conforme a pessoa começa a se movimentar. A dor nas costas não é o primeiro dos sintomas, mas precisa ser descartado assim como outras condições relacionadas.

A polimialgia reumática é um distúrbio inflamatório dos músculos, afetando principalmente o ombro e o cinturão pélvico. Apresenta-se, em termos clássicos, na meia-idade, durante a noite, de modo que o indivíduo não consegue se levantar pela manhã ou não consegue erguer os braços para pentear os cabelos. Com um resultado tão dramático, é aconselhável ouvir uma opinião médica o quanto antes.

Nem todas as dores nas costas surgem da coluna vertebral ou das causas acima mencionadas. Por exemplo, infecções do rim, enfermidades do intestino e até mesmo condições malignas de órgãos como tireoide, rim, mama, próstata e ovário podem se espalhar para os ossos. Embora isso explique apenas uma pequena porcentagem de dores nas costas, elas precisam ser diagnosticadas logo. Assim é melhor tomar nota dos sintomas de alerta que acendem a "luz vermelha", a que devemos dar atenção imediata (veja o item 6 — Consulte um médico).

5. REDUZA O RISCO DE TER PROBLEMAS NAS COSTAS

Os seguintes fatores aumentam o risco de dor nas costas:

- **Fumar** — este é o maior risco para a saúde em geral. Fumar reduz a capacidade do corpo de se recuperar. Na verdade promove inflamações e interfere na absorção de cálcio.

- **Obesidade** — este é um problema mecânico em que estar acima do peso impõe uma tensão contínua à coluna vertebral, que tem de aguentar o peso extra. Além disso, a gordura abdominal tenderá a puxar o corpo para a frente, lançando tensão extra sobre a espinha.
- **Problemas estruturais congênitos** — algumas pessoas nascem com problemas na estrutura das vértebras individuais, na pélvis ou nos membros. Qualquer coisa que obrigue o corpo a adotar uma postura que não seja simétrica irá predispor à dor nas costas.
- **Escoliose** — esta é uma curvatura lateral nas costas que faz o corpo suportar peso de uma maneira desigual.
- **Idade avançada** — a idade resulta em maior perda óssea, afinando os ossos.
- **Ser mulher** — os ossos nas mulheres são, em geral, menores e mais finos.
- **Trabalho pesado** — é responsável pelo desgaste e rompimento do esqueleto.
- **Sedentarismo** — causa fraqueza dos músculos de apoio.
- **Ocupação estressante** — com o aumento do estresse, o corpo é menos capaz de se recuperar e os processos inflamatórios são mais prováveis.
- **Ansiedade** — Os médicos sabem que pessoas ansiosas são mais sujeitas a condições dolorosas.

☐ **Depressão** — semelhante à ansiedade, a depressão rebaixa o limiar da dor, assim as condições dolorosas, inclusive dor nas costas, são mais comuns.

Dos fatores acima, há apenas dois (as condições médicas herdadas e a idade) que você não pode mudar prontamente com um esforço concentrado. Se acha que tem qualquer desses fatores de risco, então deveria esforçar-se para reduzi-los, ou procurar ajuda para fazer isso.

6. CONSULTE UM MÉDICO

A maioria das dores nas costas melhora em poucas semanas, caso você consulte um médico ou não. Se a dor for forte e não melhorar depois de alguns dias, apesar dos analgésicos, então o ideal é procurar um médico. Claro que, se não melhorar depois de quatro semanas, é hora de tomar providências. Se a dor começou depois de uma queda com a possibilidade de uma fratura, então deveria ir direto para um ortopedista ou pronto-socorro.

Seu médico tentará diagnosticar sua dor nas costas com base no histórico de suas queixas e em um exame físico. Isso envolverá examinar e avaliar a região dolorida, a intensidade da dor e como seu físico foi afetado. O exame consistirá na avaliação das alterações de sensibilidade, força, mobilidade e dos reflexos.

Se necessário, serão pedidos exames de sangue para excluir qualquer distúrbio artrítico inflamatório ou qualquer outra doença.

Os seguintes testes podem ser solicitados:

- **Raios-X simples das costas** — para procurar alguma evidência de artrite. Este é um dos testes mais simples, mas é de valor limitado já que a maioria das causas das dores nas costas não aparecerá.
- **Tomografia computadorizada** — esse é um método computadorizado de avaliação de uma série de raios-X tirados de diferentes ângulos para se reconstruir uma série de "fatias" visuais das costas. Nesse caso também o diagnóstico da dor nas costas é limitado, porém tem mais valor para extrair evidências de uma doença encoberta.
- **Densitometria óssea** — este exame é feito na coluna lombar, nos quadris e algumas vezes nos pulsos também, para determinar a densidade dos ossos. Isso é importante para verificar a presença ou o risco de desenvolver osteoporose.
- **Ressonância magnética** — este é um exame sofisticado que emprega o magnetismo, o ultrassom e a tecnologia computadorizada para reconstruir múltiplas imagens do interior do corpo. É capaz de mostrar mudanças nas articulações, não visíveis nos raios-X, e é uma ferramenta diagnóstica útil nos estágios precoces da artrite reumatoide. Também mostra os tecidos moles.

Pode ser um exame difícil para pessoas que tenham propensão à claustrofobia, uma vez que é preciso entrar no aparelho por uma espécie de túnel grande.

Como já mencionado, é provável que um diagnóstico específico seja feito em apenas cerca de 15% dos casos de dor nas costas. O principal é excluir problemas subjacentes e localizar qualquer causa que possa requerer uma consulta a um especialista ou outro profissional de saúde, como um fisioterapeuta ou um osteopata.

Muito poucas pessoas com dor nas costas irão precisar de cirurgia. Os sintomas de nove entre dez pessoas com um prolapso de disco desaparecem dentro de seis semanas. Uma em dez pode precisar de cirurgia, por isso o mais sensato seria passar pela avaliação de um cirurgião.

Sintomas de alerta de luz vermelha

No caso de qualquer dos sintomas é necessário procurar uma opinião médica com a máxima urgência:

- ❏ Histórico de câncer — há sempre a possibilidade de um tumor secundário ou de múltiplos tumores derivados do câncer se espalhar para os ossos.
- ❏ Incontinência urinária repentina — isso exige tratamento urgente, porque pode indicar que houve um prolapso interno de disco, afetando a medula espinhal dentro do canal medular.
- ❏ Dormência, formigamento ou agulhadas em uma ou ambas as pernas — isso pode indicar que há uma irritação na raiz nervosa e exige investigação médica.

> ☐ Qualquer sintoma urinário, como aumento na necessidade de urinar — existe a possibilidade de que uma infecção urinária ou um cálculo renal (pedra nos rins) cause a dor nas costas, principalmente se houver febre.

Seu médico pode prescrever analgésicos e medicamentos anti-inflamatórios, e emitir um atestado de saúde, se necessário.

É aconselhável que se discuta com o médico um plano de tratamento, que inclui o curso provável do distúrbio, as coisas que se pode ou não fazer, o espaço de tempo para voltar a se exercitar, a razão para alguns tipos de medicamentos e a forma de tomá-los. Isso tudo é muito importante já que a meta é assegurar que um problema agudo de dor nas costas não se transforme em um problema crônico. Acima de tudo, você precisa ser um paciente ativo nesse plano de tratamento, não apenas um mero receptor de remédios.

CAPÍTULO 2

Primeiros Socorros para Dor Aguda nas Costas

Há diversas medidas de primeiros socorros que você pode tomar no início de um caso de dor nas costas. As medidas corretas irão aliviar a dor e reduzir a duração de uma crise.

7. DESCANSE APENAS POR UM PERÍODO CURTO DE TEMPO

Quando passei para a clínica geral, em 1978, o conselho padrão para dor nas costas era descanso na cama por uma semana e às vezes por meses a fio. A teoria era que a coluna vertebral devia descansar do suporte do peso, permitindo assim que a inflamação cedesse e a dor sumisse.

Muito refutado nos dias de hoje, isso pode ser praticado por um ou dois dias no máximo no início de uma crise de dor nas costas. A evidência é de que o descanso prolongado na cama não é tão bom e pode provocar o seguinte:

Rigidez

Mesmo se você não tiver problemas nas costas, a primeira coisa que deve fazer ao se levantar de manhã é dar uma boa espreguiçada. Isso alivia a rigidez normal. O descanso prolongado na cama piora esse efeito.

Fraqueza muscular

Esta é muito aparente mesmo depois de uma semana. A força muscular diminui e os músculos começam a se encurtar — "desgaste muscular".

Fraqueza óssea

Os ossos perdem cálcio e o descanso prolongado na cama pode aumentar o risco de osteoporose.

Queda da capacidade física

Este é um resultado inevitável da fraqueza muscular. Mas também porque, quando você não está forçando o sistema cardiovascular, a capacidade física geral cai.

Ansiedade

Hoje em dia sabemos que o descanso prolongado na cama deixa as pessoas ansiosas, por razões variadas, quer tenham percebido que coisas importantes não foram feitas ou se preocupando com a família e até receando perder o emprego. Além disso, é comum ficarem ansiosas ao perceber que a recuperação não ocorre. Esse aumento da ansiedade pode tornar a dor pior e atrasar a recuperação.

Depressão

É comum as pessoas sentirem-se entediadas e "para baixo" quando obrigadas a ficar de cama por mais de dois dias. Se alguém, que também tem problemas de dores nas costas, não melhorar com o repouso, isso pode se transformar em depressão clínica. Tal como com a ansiedade, a depressão pode ser uma dor mais difícil de lidar. Sem contar que também é complicado se libertar da apatia que acompanha a depressão.

Trombose

Esse é um risco sério do descanso prolongado na cama. Um coágulo sanguíneo pode se formar nas veias profundas dos músculos do tornozelo. Isso é chamado de TVP, ou trombose venosa profunda. Caso se desenvolva, existe o risco de que parte do coágulo escape e seja bombeado para os pulmões, causando uma embolia pulmonar — um problema fatal.

Ulceração

A imobilidade prolongada pode provocar ulceração (escaras) na pele em pontos de pressão como nos calcanhares e na parte inferior das costas.

Portanto, não mais que dois dias de cama! É melhor se deitar de lado ou de costas com os joelhos dobrados, descansando a cabeça em um travesseiro ou uma almofada.

8. TOME ANALGÉSICOS

A dor aguda precisa de alívio. Em geral as pessoas pensam que os analgésicos mascaram a dor, preocupando-se em se machucar por não sentirem dor. Na verdade, você não fará nada que seu corpo não permita. Os músculos devem entrar em um espasmo completo, impedindo-o de se mover no caso de um esforço maior.

É aconselhável tomar um analgésico simples no caso de uma crise de dor, algo como o paracetamol, que você pode comprar sem receita. É melhor evitar aspirina, já que é um irritante gástrico.

Tome um ou dois comprimidos de paracetamol por vez de quatro em quatro ou de seis em seis horas, ou siga as dosagem prescrita na bula. É melhor controlar a dor em um caso de dor nas costas agudo a esperar até que fique intolerável. Estou me referindo aqui a episódios agudos. O controle da dor crônica nas costas é uma questão diferente que será tratada no próximo capítulo. É provável que você não precise tomar analgésicos por muito mais de três ou quatro dias.

TENS

Outra ajuda possível para aliviar a dor nas costas é um aparelho de estimulação elétrica dos nervos transcutâneos (TENS, na sigla em inglês). Isso é algo a considerar se seu médico julgar que pode ajudar.

Um aparelho de TENS tem mais ou menos o tamanho de um reprodutor de DVD, é movido a bateria e emite uma pequena corrente elétrica por meio de fios aos eletrodos em adesivos colocados na pele da região dolorida. Os eletrodos e os fios podem ser usados debaixo de roupa normal e certas unidades menores do aparelho podem ser presas com clipes na roupa ou carregadas no bolso.

Há dois mecanismos pelos quais se acredita que esse sistema reduz a dor: primeiro, quando é usado em alta frequência para estimular certos nervos não transmissores de dor, isso efetivamente neutraliza os sinais de dor; e, em segundo lugar, quando usado em baixas frequências, acredita-se que libere endorfinas, substâncias químicas analgésicas naturais do corpo.

O dispositivo é usado por aproximadamente 15 minutos de cada vez, várias vezes por dia, em vez do uso contínuo.

Não deve ser usado por alguém que não tenha sua dor diagnosticada, nem por pessoas que sofram de epilepsia ou que tenham marca-passo. Além disso, não deve ser usado por mulheres grávidas sem supervisão, embora às vezes seja usado durante o parto como método de alívio da dor.

9. TOME ANTI-INFLAMATÓRIOS

Um medicamento anti-inflamatório como o ibuprofeno é uma boa ajuda. Pode ser tomado sozinho ou com um analgésico simples, como o paracetamol. É melhor não tomar analgésicos combinados (comprimidos ou cápsulas contendo combinações de drogas como aspirina, codeína ou cafeína) com anti-inflamatórios sem consultar um médico antes.

O ibuprofeno pertence a um grupo de drogas chamadas de não esteroides anti-inflamatórias, ou NSAIDs, na sigla em inglês. Isso quer dizer que possuem um efeito semelhante anti-inflamatório dos esteroides, e, no entanto, não apresentam muitos dos efeitos colaterais dos esteroides.

A dose do ibuprofeno é de 200 a 400 mg três vezes ao dia. Já com os analgésicos, talvez você não precise tomá-los por mais de uns poucos dias.

Devem ser evitados nas seguintes circunstâncias:

- Se você tiver um histórico de problemas estomacais, como indigestão ou uma úlcera, pois apresentam um potencial irritante gástrico e podem, em um número pequeno de pessoas, provocar sangramento no estômago.
- Se estiver tomando aspirina. Tanto o ibuprofeno como a aspirina são potenciais irritantes gástricos, ou seja, existe um risco real de sangramento no estômago, caso tomados ao mesmo tempo.
- Se estiver tomando remédios anticoagulantes (para afinar o sangue), por haver risco de hemorragia.
- No caso de gravidez. Os efeitos de qualquer remédio no bebê em desenvolvimento são incertos e todos os medicamentos deveriam ser evitados, exceto os aconselhados pelo médico ou parteira.
- Se você for asmático. O grupo NSAID de drogas pode provocar uma crise de asma.

10. EXPERIMENTE UMA SUBSTÂNCIA QUE RUBIFICA A PELE

A maioria das farmácias conta com produtos que podem ser friccionados na pele, indicados para o alívio de músculos tensos, para tratar lumbago agudo e dor nas costas de origem não específica. Há uma impressionante série deles, lembrando nomes da medicina do passado. Você vai encontrar géis, linimentos, pomadas e bálsamos. O Instituto Nacional de Excelência Clínica (NICE da sigla em inglês), uma corporação que aconselha médicos sobre as evidências de vários tratamentos, concluiu que havia poucas provas sólidas da eficácia de tais preparados para traumas agudos e dores nas costas, sugerindo que seu valor se dava pelo fato de conterem um agente rubefaciente.

Um agente rubefaciente produz calor. A palavra é derivada do latim *rubor*, que quer dizer vermelhidão e, por associação, calor. Essa parece ser a reação que muitos desses preparados para friccionar induzem: provocam calor local ou irritação na pele sobre a região aplicada, que depois neutraliza os sinais de dor dos tecidos mais profundos. Esse é, na verdade, um mecanismo bastante legítimo de alívio da dor, chamado "contrairritação".

OVDO — Unguento Secreto do Campeão Olímpico (*Olympic Victor's Dark Ointment*)

Um antigo tratado médico do primeiro século da era cristã foi desenterrado há pouco tempo pelo Museu Britânico e detalha como fazer um remédio que, em latim, era chamado de "*fuscum *olympionico inscriptum*" e que foi traduzido como "Unguento Secreto do Campeão Olímpico". Tratava-se de um adesivo líquido que tinha efeitos refrescantes e analgésicos, que reduzia a inflamação e o trauma.

Esse é um achado fascinante, já que mostra que existia medicina esportiva na Antiguidade. E um remédio efetivo com propriedades analgésicas e anti-inflamatórias devia valer seu peso em ouro para tratar ferimentos nos circos de gladiadores ou nas arenas de atletismo.

Esse tratado particular foi escrito pelo médico grego Claudius Galenus (131 a 201 d.C.), de Pérgamo, conhecido na História como Galeno. Ele trabalhou em uma escola de gladiadores, tornando-se mais tarde médico do imperador Marco Aurélio. Foi o primeiro anatomista e o escritor médico mais influente por milhares de anos.

Pesquisadores do Museu Britânico e da Universidade de Copenhague reproduziram o remédio e testaram sua eficácia. Os ingredientes eram os seguintes: antimônio, cádmio, açafrão, olíbano, mirra, resina de acácia, látex, ópio, óxido de zinco sublimado, *aloe indica* e ovo cru. Tais ingredientes ajudavam a acalmar inflamação e dor, a reduzir o inchaço e a promover a cura, sendo o ovo um agente de aglutinação.

A equipe de pesquisa descobriu, ao fabricá-lo, que era muito arenoso para aplicar nos olhos, mas que poderia ser aplicado no rosto e outras partes do corpo. Era um semilíquido, o que o classificava como um moderno adesivo flexível em spray. Curiosamente, era certa de 25% tão eficiente como um adesivo moderno para alívio da dor. Foi descoberto também que o adesivo é um analgésico rápido, e de longa duração, que libera os ingredientes de forma lenta, bem semelhante ao apresentado pelos adesivos atuais de alívio prolongado. O antimônio já foi motivo de preocupação, já que seu uso contínuo podia resultar no acúmulo de níveis tóxicos no corpo, mas se usado por um curto prazo teria um efeito refrescante e anti-inflamatório.

Menciono aqui esse fato para ilustrar que o alívio da dor e o combate à inflamação têm sido as principais preocupações dos médicos através dos séculos, e que mesmo na Antiguidade havia remédios que eram efetivos.

Opodeldoque

Não muito tempo depois de começar a trabalhar com clínica geral, tentei ajudar um paciente com dor nas costas. Experimentei vários tipos de analgésicos e remédios anti-inflamatórios, mas sem nenhum sucesso em controlar o problema. Um dia meu paciente entrou no consultório, inclinou-se e tocou os dedos dos pés. Depois colocou uma velha garrafa sobre a escrivaninha e disse:

— O senhor precisa dar "deldoque" para se esfregar nas costas. Foi o que me curou.

Resumindo, o "deldoque" era um linimento de cheiro horrível que um amigo fazendeiro tinha lhe dado e que o fez melhorar tanto. Não reconheci o nome, mas mais tarde descobri que era chamado de "opodeldoque". Para minha surpresa, soube que era um linimento de sabão misturado com álcool, normalmente fortificado com várias ervas e óleos, que havia sido inventado por um médico chamado Paracelso, no século XVI.

O nome verdadeiro de Paracelso era Theophrastus Bombastus von Hohenheim, mas ele resolvera adotar o nome de Paracelsus, que queria dizer "maior que Celsus" (Celsus foi a maior autoridade romana em medicina).

Esse meu paciente e seu "opodeldoque" me convenceram que friccionar agentes medicamentosos poderia ser útil de fato.

Loções, linimentos, géis e bálsamos

Você pode encontrar muitos preparados disponíveis no balcão das farmácias e drogarias. Todos sãos rubefacientes e variantes do OVDO dos tempos dos romanos e do opodeldoque do século XVI. São todas loções aplicadas na pele e deixadas ali para atuar. Um linimento ou unguento também é um líquido, mas a fricção deve ser mais forte para que seja absorvido pela pele. Géis e bálsamos são mais viscosos como cremes e pomadas, e espalhados da mesma forma na pele.

A maioria dos linimentos contém álcool ou acetona, ou algum outro solvente que se evapora rapidamente quando toca a pele. Isso produz um ligeiro efeito refrescante e calmante. Também contém uma ou mais substâncias irritantes que irão provocar uma inflamação na pele e que podem estimular a dilatação dos vasos sanguíneos dos tecidos, causando, portanto, um efeito de "contrairritação". Isso quer dizer que, ao provocar uma irritação nos tecidos do local, o sistema nervoso neutraliza os sinais de dor que são enviados dos tecidos mais profundos. A fricção também tem esse efeito, portanto também contribui para essa contrairritação que reduz a dor.

Rubefacientes não esteroidais

Alguns cremes e géis contêm agentes não esteroidais, como o ibuprofeno. Além do modo de atuação normal contrairritante, esses produtos também liberam uma pequena quantidade de medicamento anti-inflamatório que pode ser absorvido pela pele.

Pessoas com asma ou que estiverem tomando anticoagulantes devem evitar o uso de tais preparados, porque existe um risco de que provoquem uma piora da asma ou causem sangramentos. O uso de tais produtos também não é aconselhável para grávidas, pois sempre existe o risco de que alguma droga afete o desenvolvimento do bebê no ventre.

Capsaicina

Alguns rubefacientes contêm capsaicina, que é o ingrediente ativo da pimenta de Caiena ou do *chilli* vermelho. É reconhecido por ter efeitos anti-inflamatórios, além de ser um rubefaciente muito potente. Encontra-se disponível sob receita médica e é apresentado em duas concentrações. Deve ser tomado segundo orientação médica. Pessoas alérgicas a pimenta e *chilli* devem evitá-lo.

Arnica

Este é um remédio muito usado na homeopatia para tratar machucados e traumas. O gel ou creme de arnica encontra-se também disponível no balcão de farmácias. Segundo minha experiência, funciona extremamente bem e é calmante, quando aplicado nas costas durante uma crise aguda.

Com que frequência um rubefaciente pode ser usado?

Em geral os rubefacientes podem ser aplicados de duas a quatro vezes por dia.

11. USE UM TRATAMENTO QUENTE E FRIO

Existe uma imensa diversidade de opiniões entre os profissionais de saúde a respeito dos méritos ou deméritos do tratamento quente e frio. Sob o meu ponto de vista, tanto os tratamentos quentes como os frios são valiosos, mas seus benefícios variam de pessoa para pessoa — o que é perfeitamente compreensível, já que somos todos indivíduos com maneiras únicas de reagir.

Podemos, contudo, ressaltar alguns pontos gerais.

Seja cuidadoso

Isso é de fundamental importância. Certifique-se de estar aplicando os tratamentos de maneira segura. Tenha bastante cuidado ao aplicar bolsas ou compressas de água sobre a pele, pois esta pode ser ferida tanto com o calor como com o frio. Convém usar uma toalha entre uma compressa quente ou uma compressa fria e a pele.

O princípio básico

O frio é bom para reduzir a inflamação. O calor é útil para aliviar a dor e a rigidez.

Tratamentos frios

- A baixa temperatura tende a contrair os vasos sanguíneos, que é o efeito desejado ao se tratar tecido inflamado.
- Após um machucado sério, como uma torção ou uma luxação nas costas, o mais lógico é colocar uma bolsa de gelo ou similar a fim de reduzir a inflamação. O tratamento também produzirá dormência, portanto possui um efeito analgésico.
- Use a bolsa de gelo ou similar repetidas vezes nas primeiras 24 a 48 horas depois de um machucado sério.
- A bolsa de gelo pode ser substituída por um pacote de ervilhas congeladas enrolado numa toalha.
- Tome cuidado ao usar o gelo por muito tempo. O tempo ideal para aplicar uma bolsa de gelo vai de cinco a dez minutos, 20 minutos é o tempo máximo de permanência com a bolsa.
- Sempre examine a pele e certifique-se de que não esteja branca demais. Se as costas começarem a doer mais, retire a compressa fria.

Tratamentos quentes

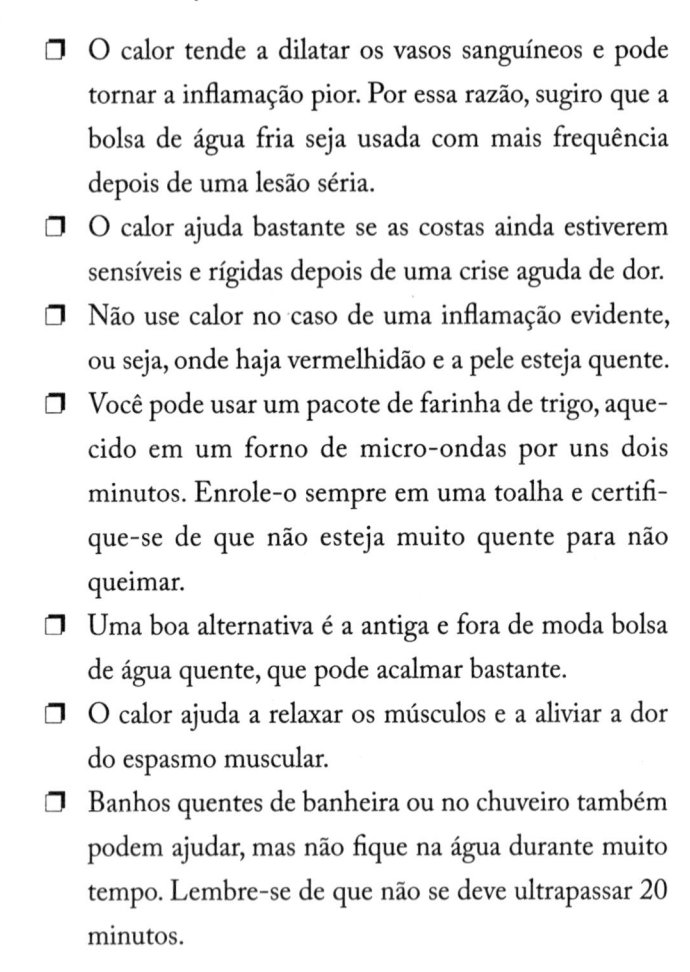

- O calor tende a dilatar os vasos sanguíneos e pode tornar a inflamação pior. Por essa razão, sugiro que a bolsa de água fria seja usada com mais frequência depois de uma lesão séria.
- O calor ajuda bastante se as costas ainda estiverem sensíveis e rígidas depois de uma crise aguda de dor.
- Não use calor no caso de uma inflamação evidente, ou seja, onde haja vermelhidão e a pele esteja quente.
- Você pode usar um pacote de farinha de trigo, aquecido em um forno de micro-ondas por uns dois minutos. Enrole-o sempre em uma toalha e certifique-se de que não esteja muito quente para não queimar.
- Uma boa alternativa é a antiga e fora de moda bolsa de água quente, que pode acalmar bastante.
- O calor ajuda a relaxar os músculos e a aliviar a dor do espasmo muscular.
- Banhos quentes de banheira ou no chuveiro também podem ajudar, mas não fique na água durante muito tempo. Lembre-se de que não se deve ultrapassar 20 minutos.

Saunas

Uma sauna é um tipo de tratamento excelente para a rigidez muscular. O calor seco da sauna normalmente relaxa músculos e articulações duros. Caso sofra de pressão alta ou possua problemas de coração, é melhor consultar um médico antes de fazer uma sauna.

Banho turco

Um banho turco fornece calor úmido e é benéfico para a dor nas costas.

Banheira de hidromassagem

A imersão em uma banheira de hidromassagem é muito relaxante quando os músculos estão doloridos e rígidos. Lembrando que não se deve ficar mais do que 20 minutos.

Calor e frio alternados

Algumas pessoas acham que alternar calor e frio é mais eficiente do que usar um ou outro de forma separada. Creio que isso faz sentido e costumo aconselhar sessões de cinco minutos de cada.

12. FAÇA UMA MASSAGEM

Uma massagem é um tratamento natural para a dor nas costas. É uma das formas mais antigas de tratamento no mundo, já que esfregar um machucado é quase um ato instintivo.

Os antigos chineses defendiam a massagem para a dor nas costas, assim como o médico grego Hipócrates.

Uma fricção suave ou de movimentos leves sobre a região dolorida com um creme como de arnica, ou apenas azeite de oliva, pode ser feita por qualquer voluntário disposto a tanto. Se for isso apenas, mal não faz.

O ato de esfregar estimula a circulação do sistema linfático, que corre em paralelo com o sistema circulatório, estimulando assim a remoção de resíduos da inflamação pelo sistema linfático.

Uma massagem mais profissional com um terapeuta especializado ou fisioterapeuta pode ser muito útil e acelerar a recuperação durante uma crise aguda de dor nas costas.

Retornaremos a esse assunto na última dica deste livro, quando estivermos tratando de como lidar com a dor nas costas recorrente ou crônica.

CAPÍTULO 3

Controle da Dor

A dor é um enigma. Não é uma entidade em si, mas uma experiência desagradável. Quando a dor se vai, é impossível invocá-la por pensamento, apenas recordar que foi desagradável, e que o fez se sentir de um jeito particular. Pode-se até mesmo descrever como se sentiu, mas não se pode conscientemente trazê-la de volta à mente para poder experimentá-la de novo.

No primeiro capítulo deste livro, enfocamos a maneira como classificamos os diferentes tipos de dor. Isso é útil para se tentar descobrir como mais bem lidar com ela. A dor aguda é bem mais fácil de lidar do que a dor crônica, como a maioria das pessoas com problemas crônicos ou recorrentes nas costas podem comprovar. A verdade é que a dor é um dos maiores desafios enfrentados na prática médica e, no caso da dor crônica nas costas, pode ser útil a adoção de algumas estratégias alternativas.

13. ENTENDA COMO A DOR É PERCEBIDA

Imaginar como o cérebro percebe a dor é um exercício que ajuda bastante. O cérebro percebe onde estão todas as partes do corpo a qualquer tempo. Se uma parte em particular estiver produzindo um sinal de dor, o cérebro percebe isso, e você "sente" a dor.

Os caminhos da dor

A rota efetiva de um estímulo doloroso até o cérebro na dor aguda é muito bem estabelecida.

Por todo o corpo e através dele, existem minúsculos sensores chamados nociceptores. A palavra é derivada do latim *nocere*, que quer dizer "machucar". Eles foram descritos pela primeira vez em 1906, por sir Charles Scott Sherrington, professor de fisiologia da Universidade de Oxford. Foi uma descoberta muito importante, que lhe conferiu um Prêmio Nobel. Esses nociceptores reagem a todos os estímulos prejudiciais ou danosos e constituem o primeiro passo do processo da dor. Na dor nas costas, um grande número desses nociceptores pode ser estimulado em articulações, músculos e tendões.

O nociceptor tende então a enviar um impulso a um nervo ao longo de uma via particular da dor. Uma das principais vias é chamada de trato espinotalâmico, que se origina na medula espinhal. O impulso que é enviado a um nervo a partir do nociceptor chega a um neurônio (célula nervosa) no corno posterior da medula espinhal. Essa célula nervosa transmite o impulso para o lado oposto da medula espinhal, onde se junta com outra célula nervosa, que então manda o impulso até o tálamo, na base do cérebro. De lá, outras células nervosas transmitem o impulso para partes mais altas do cérebro, onde é interpretada como uma dor.

O trato espinotalâmico é uma via sensorial que transmite a sensação de dor, de temperatura e de contato sutil, o que explica porque as dores são experimentadas como quente ou fria. De modo similar, a sensação de agulhadas que acompanha algumas dores é explicável pelo estímulo combinado com o contato sutil e fibras nervosas doloridas.

Assim que a dor é percebida, o indivíduo exerce uma ação apropriada para aliviar os estímulos dolorosos. Pode-se perceber como isso acontece quando da dor aguda ao se queimar o dedo em um objeto quente. O cérebro diz ao corpo para exercer uma ação de fuga. A dor crônica, contudo, é diferente e muito mais complexa.

Estudos do cérebro

Hoje em dia temos sorte em poder contar com dois tipos muito eficientes de escâneres, chamados de ressonância magnética funcional por imagem e tomografia por emissão positiva (PET), que permitem aos pesquisadores elaborar um retrato do que está acontecendo dentro do cérebro durante certas atividades ou quando alguém está pensando em tipos diferentes de coisas.

Um trabalho na Faculdade de Medicina Feinberg da Universidade do Nordeste de Chicago ajudou a desvendar alguns dos mistérios da dor crônica, fazendo uso de varreduras por ressonância magnética funcional. A equipe de pesquisa foi capaz de demonstrar que a dor aguda e a crônica iluminam partes diferentes do cérebro.

Na dor aguda, tal como ocorre com um dedo queimado, ou uma tensão muscular aguda, há uma atividade intensa dentro do tálamo, como se fosse um tipo de painel de comando dentro do cérebro. Em contraste, a dor crônica nas costas ilumina o córtex pré-frontal na frente do cérebro e o sistema límbico no meio do cérebro. O córtex pré-frontal está envolvido no processo mais elevado do pensamento, e o sistema límbico é a parte do cérebro que parece estar envolvida nas emoções.

Descobriu-se também que, quanto mais uma pessoa sofre de uma dor crônica, mais ocorre atividade no córtex pré-frontal. Isso implica que o cérebro guarda uma lembrança da dor que pode ser reproduzida várias vezes. Também implica que o aspecto emocional da dor tenderá a ser reproduzido ao mesmo tempo.

O significado disso é que os medicamentos não necessariamente resolverão o problema do distúrbio de uma dor crônica. Elas podem suprimir partes da percepção da dor, contudo não fará nada com relação ao que é registrado como um traço de memória, ou que tem uma memória emocional. Isso se ajusta muito bem à experiência das pessoas que desenvolveram um problema de dor crônica nas costas.

A matriz humana da dor

Uma concepção atual da medicina, desenvolvida a partir do trabalho de Ronald Melzack e Patrick Wall, trata da matriz humana da dor, uma rede neurológica que se estende por uma vasta área e que está envolvida na percepção de todos os tipos de dor. Parece existirem dois componentes principais que operam em paralelo um com o outro. O interno é chamado de "sistema medial de dor", que processa o lado emocional da dor, isto é, ansiedade, medo e estresse. O externo é chamado de "sistema lateral de dor" e é responsável por processar as sensações físicas, tais como a intensidade da dor, sua localização no corpo e sua duração.

Outra peça de pesquisa da Universidade de Manchester usou o PET para investigar como o cérebro processa a experiência da dor na artrite. Os pesquisadores enfocaram a dor artrítica porque tende a produzir rigidez matinal, dor nas articulações e é sujeita a crises súbitas. Em outras palavras, as dores artríticas tendem a ser agudas e intermitentes, assim como ter antecedente de dor crônica. Por esta razão, é possível comparar a dor artrítica com dor artificial ou experimental (dor induzida deliberadamente em um experimento por pressão ou calor).

Nesse estudo, pacientes com osteoartrite, o tipo mais comum de artrite, foram examinados para se descobrir o que acontecia em seu cérebro durante episódios de dor artrítica e episódios de dor artificial experimental. Todos fizeram PET *scans* durante três tipos de condição de dor: durante dor artrítica no joelho, durante dor artificial por aplicação de calor e quando estavam livres da dor.

Foi descoberto que a matriz da dor ficava inativa quando estavam livres da dor, mas era ativada quando a dor era experimentada, quer fosse aguda ou crônica. Durante a dor artrítica, contudo, o sistema medial da dor era ativado de forma predominante. Isso sugere que, durante uma crise súbita, há um componente emocional significativo na dor. O cérebro do indivíduo parece refletir medo, estresse e aflição, em graus variados. Em contraste, a dor artificial afeta com maior predominância o sistema lateral da dor, ou produz principalmente uma resposta física. A dor artificial não tem nenhum componente emocional, presumivelmente porque a pessoa sabe que é artificial e que irá desaparecer.

Isso mostra que, mesmo quando alguém talvez saiba que uma crise aguda de artrite vá sumir mais tarde, se preocupa de que a dor possa continuar, ou até mesmo que fique pior, induzindo dessa forma pensamentos e emoções nessa direção.

Esse componente emocional da dor é muito importante porque sugere que o papel da mente no controle da dor pode ser crucial.

14. USE SUA IMAGINAÇÃO COMO UM ANALGÉSICO

Em 2002 compareci a uma exibição fotográfica muito interessante no Hospital St. Thomas, em Londres. O tema era a dor crônica. Achei uma ideia muito inteligente porque foi introduzida uma perspectiva artística do enigma da dor.

As fotografias na exibição eram retratos das percepções das pessoas sobre sua dor. Uma foto mostrava uma camisa de força de concreto que o artista fizera para ilustrar a experiência e a percepção de uma pessoa. Para essa pessoa, a dor era algo sólido, uma coisa constritiva e isoladora. E pesava, puxando-a para baixo, tal como o concreto faria.

Outras imagens mostravam fios incandescentes brilhando no escuro, arranhões de garras de animais em pedra e luvas cheias de formigas rastejantes. Você pode imaginar a qualidade da dor que aquelas pessoas estavam sofrendo? Os vários trabalhos artísticos mostravam que duas pessoas não sofriam da mesma dor, pois ela provoca uma sensação única. Se você pensar bem há uma mescla única de emoções associada ao conceito da matriz da dor.

A imagem que pode ser usada para descrever uma dor propicia um meio de usar a imaginação como um analgésico. Quando você sente uma dor, tente imaginá-la de maneira simbólica como relatei da exibição que visitei. Tente conseguir sua própria imagem em vez de pensar em quanto é forte.

Se conseguir fazer isso, irá modificá-la e reduzir seu grau de intensidade. Por exemplo, se tiver uma dor nas costas como uma cinta apertada, ou uma corda esticada, então feche os olhos e visualize essa corda com um imenso nó apertado em sua extensão. Concentre-se e tente mentalmente soltar o nó.

Você pode sentir que sua dor está queimando como uma corda fumegante. Mantenha essa imagem na mente e imagine a dor ficando menos intensa, ardendo menos, conforme é ensopada de água até que o fogo se extinga por completo.

Use a imaginação para corrigir qualquer imagem que sua mente invocar. Uma dor fria como um pedaço de gelo pode melhorar se for imaginado que está sendo aquecida e derretida. Uma dor "chata" como um saca-rolha poderia ser desenroscada como uma rolha.

Sente-se ou deite-se e fique tão confortável quanto puder em um lugar onde não será perturbado. Deixe sua mente projetar imagens que pareçam adequadas e, quando tiver aquela que corresponda bem à sua dor, use sua mente para reverter o efeito. Conforme agir assim, diga a si mesmo que a está reduzindo, diminuindo o desconforto, até que a dor se vá.

Sua imaginação é muito poderosa, pois pode afetar seu lado emocional, por isso faz muito sentido colocá-la para trabalhar por você ao atingir o sistema medial da dor, que controla o componente emocional da dor. Você pode usar sua imaginação como um analgésico.

Tente fazer isso por 20 minutos todo dia durante uma semana. Você pode se surpreender bastante e ficar muito satisfeito com os resultados.

15. DESCUBRA O CONCEITO DO CICLO VITAL

Eu uso o conceito do ciclo vital quando converso com meus pacientes. No entanto, esse não é o ciclo vital que você deve ter aprendido nas aulas de biologia na escola, quando estudava sapos ou insetos. É, sim, um modo de pensar sobre os diferentes componentes da vida de alguém e de como cada um deles afeta o outro.

Imagine que há cinco esferas na vida, todas relevantes para nosso bem-estar. Um distúrbio doloroso pode afetar todas elas negativamente. Essas esferas são:

- **Corpo** — os sintomas físicos, por exemplo: a dor nas costas, mobilidade limitada, rigidez.
- **Emoções** — como você geralmente se sente, e como os sintomas físicos o fazem se sentir, por exemplo, bravo, triste, ansioso, ciumento, culpado.
- **Pensamentos** — seus pensamentos são, por exemplo, pessimistas, negativos, autocríticos e assim por diante.
- **Comportamento** — como as esferas influem no seu comportamento, por exemplo, você se isola evitando coisas ou pessoas? Desenvolve hábitos como fumar e beber ou toma analgésicos demais? Descansa e se torna inativo?
- **Estilo de vida** — como seu distúrbio afeta sua capacidade de fazer coisas, ou como influi em seus relacionamentos? E também como os acontecimentos em sua vida causam impacto em você?

Tente desenhar isso no papel, como no diagrama que se segue:

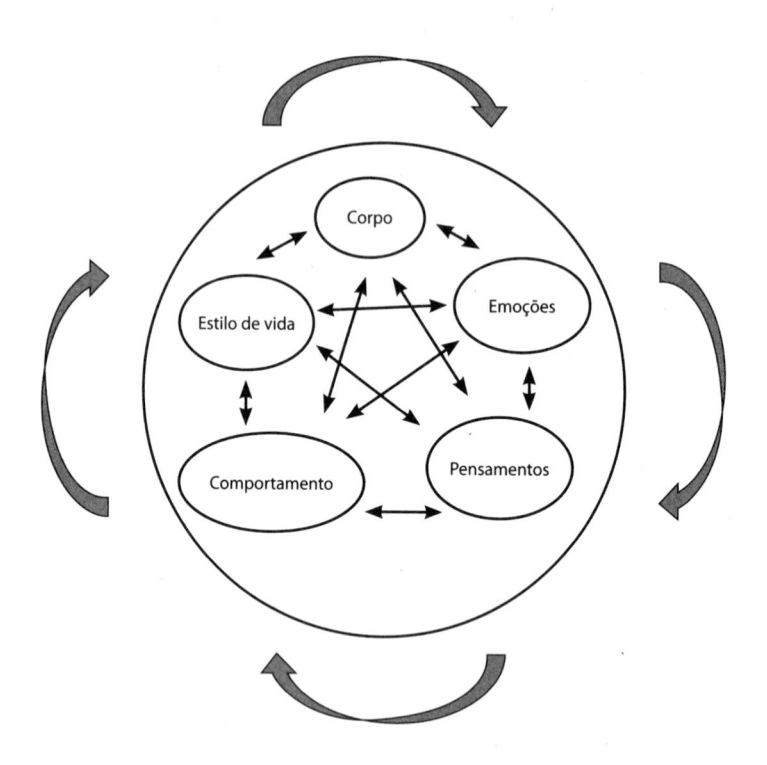

Comece com a palavra "Corpo" e coloque-a em um círculo no topo do papel. Depois, desenhe uma seta e um círculo para "Emoções" abaixo e à direita. Em seguida, coloque "Pensamentos" abaixo disso de modo que cada um ocupe uma posição em um círculo ou na face de um relógio. Assim: Corpo às 12 horas, Emoções às 2 horas, Pensamentos às 5 horas, Comportamento às 7 horas e Estilo de Vida às 10 horas.

Agora desenhe setas de cabeças duplas (⟵⟶) entre elas de modo que você possa ver que o Corpo afeta as Emoções, e vice-versa, e que cada esfera no círculo pode afetar aquela atrás e a adiante.

Agora desenhe setas de cabeças duplas entre Corpo e Pensamentos, e entre Corpo e Comportamento. Você verá, efetivamente, que pode ligar todas as esferas assim de forma a obter uma estrela interna de cinco pontas. E esse é o ciclo vital.

O que ele representa é o modo com que cada faceta de sua vida pode afetar cada uma das outras partes. Por um lado, o ciclo vital explica como um sintoma físico ruim, uma dor, por exemplo, pode afetar suas emoções de um modo negativo. Suas emoções negativas podem afetar a maneira como você pensa ou os tipos de pensamentos que você tem. Isso, por sua vez, pode fazê-lo agir ou comportar-se de uma maneira particular, o que tende a afetar seu estilo de vida, seus relacionamentos e assim por diante.

Por outro lado, o ciclo vital oferece múltiplas oportunidades a você de modificar como o distúrbio o afeta. Na essência, um distúrbio físico não deveria controlá-lo, ou controlar sua vida. Se, por exemplo, você estiver deprimido por causa das costas doloridas, em vez de permitir que a inatividade o deixe pior, torne-se ativo. Em vez de ficar na cama, saia para o jardim ou vá para a cozinha e tome um lanche em vez de se permitir ficar inválido. Se seu parceiro ou parceira encarregou-se de tudo, converse com ele ou ela e explique que é melhor se você tentar fazer as coisas sozinho(a).

Agora, escreva sua experiência e ideias em círculos diferentes, registrando qualquer coisa que parecer relevante em cada categoria.

Ao reconhecer que pode mudar como se sente agindo de maneira diferente em qualquer das outras esferas do ciclo vital, você amplia sua lista de estratégias.

16. FAÇA UM DIÁRIO DA DOR

Vale a pena fazer um diário para registrar a intensidade da dor, mas sugiro que você o faça em conexão com o conceito do ciclo vital que acabei de descrever. Em vez de apenas enxergar qual era seu grau de dor em qualquer dos dias, examine o que você estava fazendo ou experimentando nas diferentes esferas do ciclo vital.

Sugiro que você pontue a dor numa amplitude de zero a dez, onde o zero é sem dor e o dez é a pior dor imaginável, algo equivalente a ser fervido em óleo, quem sabe.

Depois, assinale uma série de colunas dividindo cada dia. Use uma coluna para a data, depois outras para Corpo, Emoções, Pensamentos e Comportamento. Talvez o jeito mais útil de registro seja anotar cada hora em que tiver consciência de um grau pontuado de dor. Se isso não for conveniente, apenas selecione três horas do dia e registre cada coisa nesse tempo.

Na coluna de data escreva o dia e a hora de cada registro. Debaixo de "Corpo", concentre-se na dor e anote seu grau. Debaixo de Emoções, registre como a dor o faz se sentir, por exemplo, triste, bravo ou ansioso. Sob "Mente", anote o que você pensou. Por exemplo, você soltou um palavrão? Escreva qual foi seu pensamento: Oh, nossa! Oh, não! Isso é horrível!

Debaixo de "Comportamento", anote o que você estava fazendo naquela hora. Por exemplo, exercitando-se, cuidando da casa, trabalhando no computador e depois o que fez com relação a isso, por exemplo, nada, tomou um analgésico, fez uma xícara de café, recebeu uma massagem de seu companheiro ou companheira e assim por diante. Você pode em seguida pontuar seu grau de dor depois de ter tomado alguma atitude.

Se continuar a fazer esse diário depois de uma semana mais ou menos, você poderá verificar se existe um padrão em desenvolvimento. Verá se certas coisas pioram ou provocam sua dor e enxergará quais comportamentos ou ações podem melhorar isso.

O objetivo é usar a abordagem do ciclo vital para ver o que você fez, ou o que poderia ter feito para ajudar. Usar uma estratégia como essa pode capacitá-lo a modificar seus graus de dor e possibilitar o uso racional de analgésicos.

CAPÍTULO 4

Melhore Sua Postura

Quando você era jovem, seus pais ou seu professor sempre o exortavam a se sentar ou ficar de pé direito, a parar de andar desengonçado ou a endireitar os ombros? Muita gente se identifica com essa situação. Depois, você cresce, faz o que lhe agrada e, antes que perceba, a postura está toda fora do equilíbrio.

Bem, esse pode ser o caso, mas também pode ser que você apenas se entregou a certos hábitos posturais. Uma boa parte disso pode ser debitada ao tipo de cadeiras e sofás que você tem em casa e no trabalho, ou à posição em que você dirige. Pode ser relativo aos seus pés, a como você fica parado, a que tipo de sapatos usa e como está seu equilíbrio.

A questão é que a má postura resulta em sofrimento posterior. A má postura é uma das razões mais comuns da dor nas costas.

Conforme indiquei acima, existem montes de fatores que podem resultar em um problema postural e iremos considerar alguns deles neste capítulo. Primeiro eu gostaria que você avaliasse sua postura.

17. OLHE-SE NO ESPELHO

Você usa muito o espelho? A maioria das pessoas o usa ao se levantar, ao arrumar o cabelo ou ver como ficam suas roupas. Mas alguma vez você reparou na sua postura? Provavelmente não. É possível que você não tenha analisado de fato como se posta. Vamos mudar isso. Para começar é preciso um bom espelho de corpo inteiro.

Para maior benefício, feche a porta do quarto para ficar mais à vontade e tire as roupas de cima. Em frente ao espelho, observe-se, mas sem alterar a postura habitual, pois é essa que interessa e não aquela como imagina que devia parecer.

Eis o que precisa ser analisado:

Vista frontal (isso é fácil de fazer)

- ❐ Analise a simetria dos dois lados do corpo.
- ❐ As orelhas estão no mesmo nível?
- ❐ A cabeça está pendendo para um lado? O nariz deve estar na mesma linha do umbigo.
- ❐ Os ombros estão nivelados? Têm a mesma forma ou um está caído?
- ❐ O vão entre os braços e seu torso é o mesmo? Se não, há uma torção para o lado em seu torso? Se tiver uma escoliose (curva na espinha quando se está de perfil) o corpo fica curvado para dentro de um lado e arqueado para fora do outro.

- Os mamilos estão no mesmo nível?
- Os quadris estão no mesmo nível? Se não, você pode descobrir que está um pouco torto, ou seja, um lado está mais para a frente que o outro. Isso se reflete na posição do umbigo, que deve estar apontando para um lado quando deveria estar para a frente.
- Os joelhos estão apontando para a frente? As pernas são retas ou curvam-se para fora, ou para dentro?
- Os pés estão com boa forma? Olhe para os arcos. São arcos bons, altos, ou mostram tendência a se horizontalizar? Se for este o caso, então o pé tentará a virar sobre si mesmo, o que empurra a postura para fora. Esse giro do pé para dentro é um processo natural chamado pronação. Retornaremos a ele no item 21.

Vista lateral

Você pode precisar usar um segundo espelho e colocá-lo em ângulo para se ver no espelho principal, ou pedir a alguém para ajudá-lo — quem sabe até mesmo pedir que tirem uma foto sua de perfil.

- Sua cabeça está na perpendicular, não apontando nem para trás nem para a frente?
- As orelhas e os ombros estão alinhadas?
- A base do queixo está em paralelo com o chão? O ideal é que não haja nenhum ângulo.

- Seu estômago é chato? Seria o ideal, mas, se você estiver com sobrepeso, a "barriga" pode puxá-lo para a frente, o que é ruim para a postura e pior para as costas.
- Você consegue ver as três curvas? Costas saudáveis têm três curvas leves e naturais, uma na frente no pescoço (curva cervical), uma para trás na parte superior (curva torácica) e uma para a frente na parte inferior (curva lombar). Uma curva para a frente é chamada de lordose e uma curva para trás é chamada de cifose. Uma boa postura significa manter essas três curvas em um alinhamento equilibrado.

18. CUIDE BEM DE SUAS TRÊS CURVATURAS

Além de se olhar no espelho, você pode verificar as três curvaturas de sua coluna com bastante facilidade. Fique de pé com as costas apoiadas numa parede, os calcanhares a cerca de 7 cm de distância da parede. Coloque uma das mãos atrás do pescoço, com o dorso da mão contra a parede e a outra atrás das costas, na região lombar abaixo da cintura, com a palma contra a parede. Se houver um espaço excessivo entre suas costas e a parede, de forma que mova as mãos facilmente para a frente e para trás por mais de 2 cm, seria bom ajustar a postura para restaurar as curvaturas normais da coluna.

É importante ter consciência da postura e da maneira pela qual parece estar fora de equilíbrio. Este é o ponto inicial. Você não irá conseguir corrigir isso da noite para o dia, nem talvez em dias ou semanas, mas se trabalhar com firmeza e constância colherá as recompensas. Isso significa que terá costas mais fortes e menos problemas.

Uma boa medida é se analisar no espelho no começo e no fim do dia, observando qual o aspecto de sua postura. E faça o teste da parede, examinando as três curvaturas preciosas. Acerte-as direito, mantenha-as tão simétricas como possível e sua postura irá melhorar.

19. FIQUE DE PÉ DA MANEIRA CORRETA

Você pode desdenhar desse conselho e achar que sabe como ficar de pé. Afinal, faz isso de um jeito natural, não é? Mas será a maneira correta? Seria isso parte da razão das dores nas costas?

O fato é que ficar de pé não é bom para as costas. Infelizmente, não é algo que você possa evitar com facilidade, já que tem de ficar de pé quando está numa fila, conversando com pessoas na rua, fazendo compras, indo ao banco e assim por diante.

O que acontece quando você fica de pé por muito tempo é que os músculos das costas se cansam e começam a se relaxar. Isso provoca a lordose lombar, em que a curvatura para a frente torna-se exagerada. Na verdade, é o reverso do problema que se tem por permanecer sentado por muito tempo (o que abordarei no próximo item). Para aliviar isso, você precisa ficar de pé de maneira mais eficiente. Uma boa postura em pé diminui o risco de dor nas costas.

Você já terá uma boa ideia de como deveria ficar em pé só lendo como deveria ser sua postura. Para ficar de pé corretamente, tente fazer o seguinte:

1. Mantenha a cabeça reta. Não incline a cabeça para a frente, para trás ou para os lados.
2. Tente manter as orelhas em linha com o meio de seus ombros.
3. Mantenha as espáduas para trás.
4. Mantenha o peito para a frente.
5. Encolha o estômago e contraia ligeiramente as nádegas.
6. Mantenha os joelhos um pouco flexionados; não olhe para eles. Olhar os joelhos faz o estômago se projetar para a frente.
7. Fique atento ao topo de sua cabeça. Imagine que está tentando se esticar para o céu ou para o teto.
8. O arco dos pés deve estar apoiado. Voltarei a esse tópico em breve, no item 21.

Claro que, se você tiver de ficar de pé por mais tempo do que seja confortável, mesmo com uma boa postura, é provável que experimente certo desconforto nas costas. Até mesmo soldados superadaptados a ficar de pé em desfiles, por exemplo, podem estar sujeitos a dor nas costas e são aconselhados a fazer certos ajustes na postura para aliviar a pressão.

De uma maneira geral, deve-se evitar ficar de pé na mesma posição por um longo tempo. Mudar o peso de um lado para outro ajuda. Não balance como um salgueiro, mas transfira seu peso para trás e para a frente de um pé para o outro.

Uma boa alternativa é erguer um pé para descansá-lo em um banco ou caixa, ou, se estiver ao lado de um degrau, colocar um pé mais alto. Então, depois de alguns minutos, inverta a posição e troque de lado.

Se estiver trabalhando numa pia, então tome cuidado ao ficar de pé e inclinar-se para a frente. Isso é ruim para as costas. Em vez disso, dobre os joelhos de leve para a frente de modo que encostem na porta do armário sob a pia, se houver. Isso irá endireitar a lordose. É possível também, enquanto trabalha na cozinha, abrir a porta do armário sob a pia e descansar um pé na beirada de dentro. Altere os pés a cada cinco a 15 minutos.

20. SENTE-SE DIREITO

Sentar-se é uma de nossas principais atividades. Ou, mais exatamente, é uma de nossas principais inatividades! E isso só tende a aumentar, graças ao estilo de vida cada vez mais sedentário que acompanha o uso de eletrônicos e de computadores em casa e no local de trabalho. Hoje em dia nem mesmo é necessário que as pessoas se dirijam ao trabalho, já que muitas ocupações podem ser exercidas no conforto da própria casa. É possível se comunicar virtualmente com pessoas em qualquer parte do mundo, acessar informações a qualquer hora do dia ou da noite, e tudo sem se levantar da cadeira.

Isso não é uma crítica azeda aos eletroeletrônicos ou aos computadores. Eu mesmo os uso bastante. Mas observo que as pessoas estão, em geral, menos ativas do que eram dez anos atrás. Mais da metade da população senta-se por mais de 70% de sua vida acordada. É o caso de se perguntar: "Isso é bom para a saúde em geral, e mais especificamente para a coluna de alguém?"

Postura geral

A resposta é "não" para ambas as partes da pergunta acima. Quando está sentado, você não está desafiando seu sistema fisiologicamente. Está colocando seu corpo numa posição que não permite uma respiração eficiente, pois você não move o peito para encher a caixa torácica e na posição sentada, principalmente se estiver relaxado, significa que você não está usando seu diafragma tanto quanto poderia. Isso é efetivo o suficiente para a atividade de se sentar, quando você não estiver despendendo muita energia, mas não é suficiente para manter seu sistema tão oxigenado como deveria ser. Essa é a razão, em parte, de alguém se sentir sonolento e cansado depois de longos períodos sentado.

Quando sentado você não usa tantos músculos como quando está se movimentando, ou em pé, em particular se não estiver usando os músculos sóleos. Este músculo é muito importante e está situado na parte de trás de cada perna. É chamado de "bomba do sóleo" por ter a função muito importante de devolver o sangue para o coração. Para fazer esse trabalho, você tem de estar em movimento, isto é, caminhando, passeando. Isso bombeia o sangue de volta para o coração de maneira mais eficiente. Quando não está em operação, há uma tendência de o líquido sair da circulação e se acumular nos tecidos moles dependentes dos pés e tornozelos, fazendo-os inchar. Você irá perceber esse fato em longas viagens de avião, já que essa falta de ação da "bomba do sóleo" é parte da causa.

As costas

Com relação à coluna, sentar-se costuma fazer você perder as três curvaturas, substituindo-as por uma grande curva em C, ou cifose. E tipos diferentes de assento podem causar tipos diferentes de cifose. O pior é a posição relaxada que se assume na maioria dos modernos sofás "confortáveis". A forma desses móveis não mantém a pessoa ereta, mas tende a favorecer a cifose. Mais que isso, você acaba apoiando seu peso em partes das costas não projetadas para tanto, provocando pressão e tensão nas costas inteiras depois de algum tempo.

Não existe posição ideal para se sentar

Você deve se lembrar de ter sido castigado ou censurado quando criança por não se sentar direito com as costas retas. Era um bom conselho, embora difícil de seguir. Um dos problemas é que tendemos a nos deparar com escrivaninhas e mesas para atender a todos os tamanhos. As pessoas adotam meios que parecem ser confortáveis para elas, ou que permitem que façam qualquer tarefa que precisem realizar, sentadas a uma escrivaninha ou de frente para um computador.

Uma pesquisa de funcionários de escritório feita pelos especialistas em ergonomia Etienne Grandjean e Ulrich Burandt mostrou que um pouco mais de 50% das pessoas se sentam no meio da cadeira, 33% no fundo e 15% na frente.

A posição sentada depende do projeto da cadeira, da natureza da tarefa sendo realizada, da disponibilidade das coisas necessárias para a tarefa (como a escrivaninha é arranjada, por exemplo) e da preferência pessoal.

O velho ditado dizia que você precisava ter uma postura ereta, com os quadris a 90 graus da coluna, os ombros para trás e a cabeça tão reta quanto possível. Se você for trabalhar em um escritório, pode dizer que isso não é viável. Há muitas coisas a fazer e por isso é preciso que se altere a postura. Ficar balançando a cabeça para cima e para baixo de um teclado para um monitor ou de um bloco de notas ou livro enquanto equilibra um telefone na curva entre o ombro e o queixo dão alguns exemplos da dificuldade para manter as costas retas.

O que você precisa tentar fazer é manter a coluna o mais ereta possível. Use a cadeira para apoiar a curva inferior das costas, favorecendo a lordose lombar, e atue contra a grande curva em C. Talvez seja melhor colocar uma almofada ou um encosto no local.

Os 90 graus dos quadris são difíceis de manter, mesmo porque essa não é uma posição natural que proporcione conforto. A maioria das pessoas dorme com os quadris a cerca de

45 graus. Isso tira a tensão dos quadris, da coluna e é um bom ângulo a se buscar.

Evite cruzar as pernas

Isso é algo que, de fato, vale a pena trabalhar. A razão de cruzarmos as pernas é bastante estranha, porque não é confortável nem natural. É aprendido. Se você cruzar as pernas, estará torcendo a pélvis, coisa que exige retorcer a coluna para compensar. Isso acontece quando se está trabalhando numa escrivaninha.

Escolha sua cadeira

Você pode achar que ficar ereto exige que opte por uma cadeira do tipo minimalista com o espaldar reto na perpendicular. Bem, isso não irá favorecer muito suas curvas naturais. O ideal é uma cadeira com uma curvatura suave na parte traseira, que irá favorecer a lordose lombar.

21. USE CALÇADOS APROPRIADOS E TALVEZ CONSULTE UM ORTOPEDISTA OU UM PODÓLOGO

Isso pode deixá-lo apavorado! Para algumas pessoas, a moda é tudo. No entanto, eu estaria faltando com meu dever para com suas costas se não sugerisse que você precisa ter certeza de que seus sapatos não o estejam predispondo à dor nas costas, ou até mesmo a provocando.

Pronação

É o nome dado ao giro para dentro natural do pé conforme o arco do pé se horizontaliza durante o caminhar. Isso ocorre entre o toque do calcanhar e o levantar dos dedos, e é a absorção natural de um choque. Não é 100% efetivo, porém, e um pouco do choque de cada pisada será transmitido para cima, para as pernas até a pélvis e dali para a coluna.

Tanto a subpronação como a suprapronação podem causar problemas.

Os subpronadores não têm giro suficiente, de modo que não realizam com eficiência a absorção do choque. Normalmente apresentam arcos altos e, como resultado, podem ter dor no joelho e na parte baixa da coluna. Estes precisam de sapatos flexíveis com bom acolchoamento plantar.

Os suprapronadores têm muito giro e o pé se horizontaliza em cada passada. Acumulam tensão por toda parte inferior do corpo e podem ter dor nas costas, na região lombar. Geralmente apresentam arcos bastante planos e precisam de algum tipo de apoio nos sapatos. Um suporte do arco medial pode ser enfiado dentro do sapato, e pode ajudar a suprapronação.

Procure ajuda ao escolher sapatos

Essa é uma atitude muito sensata a tomar e vale a pena ir a lojas onde você é atendido por alguém com conhecimento sobre a conveniência dos sapatos. Pode custar mais, porém vale a pena como investimento. Você precisa ter sapatos que sejam do tamanho certo para ambos os pés, com espaço adequado para os dedos (mas não em demasia) e com o tipo apropriado de apoio. Também devem ser do formato certo para seus pés.

Nunca use sapatos de outra pessoa. Em primeiro lugar, é provável que tenham se moldado ao pé do dono, de modo que isso afetará ligeiramente o modo como você anda.

Salto

Essa é uma região de particular importância. Salto alto pode parecer estiloso, pode fornecer uma altura adicional e formato às canelas, porém acaba com a postura, além de predispor a tensão nas costas. Um salto sensato é o de 4 centímetros ou mais baixo.

Quem quiser usar salto alto (qualquer coisa acima de 4 centímetros) deve ter a sensatez de restringir seu uso a ocasiões especiais, como para passear. Salto alto deve ser evitado quando se vai fazer uma longa caminhada.

Ao sair para percorrer um longo caminho em chão pavimentado, um sapato baixo com bom apoio é o tipo certo de calçado a ser usado. Qualquer caminhada mais longa por terreno acidentado exige um tênis ou uma bota de caminhada adequado.

Sapatos tecnológicos de salto negativo

Alguns especialistas em coluna defendem esse tipo de calçado. São sapatos projetados para que os dedos fiquem um pouco mais altos que os calcanhares, em geral mais ou menos 3,7 graus. Isso redistribui o peso sobre o calcanhar e altera a postura como um todo. Exige alguma adaptação para se acostumar com eles, e algumas pessoas experimentam um leve desconforto por alguns dias. Mas depois parecem ajudar.

Consulte um ortopedista

Se seus pés estão lhe trazendo problemas, talvez seja uma boa ideia consultar um ortopedista. Se você julgar que pode ter um problema com a pronação, um ortopedista pode fazer uma avaliação e recomendar órteses apropriadas (apoio ou suporte para o pé) ou calçado, ou até mesmo fazer a órtese adequada para você.

22. SÓ CARREGUE AQUILO DE QUE PRECISAR

A dor nas costas está afetando pessoas cada vez mais jovens. Atualmente, até 60% dos jovens sofrem de alguma dor nas costas com idade aproximada dos 18 anos, de acordo com a Associação Britânica de Quiropráticos. No Brasil, segundo dados da Escola Nacional de Saúde Pública, cerca de 36% da população sofre de dor nas costas, e a faixa entre os jovens, não mensurada, tende a aumentar. Isso realmente é algo que deveria e poderia ser evitado.

Um dos fatores principais é a quantidade de coisas que os jovens carregam nas costas. Recomenda-se que uma criança ou um jovem nunca carregue mais que 10% a 15% de seu peso corporal na bolsa de escola ou mochila nas costas. A questão é que as crianças, sendo crianças, tendem a acumular muitas coisas com o tempo. E é nessa hora que os pais precisam se envolver. Deveriam ao menos encorajar os filhos a limpar a bolsa à noite e só recolocar o necessário para o dia seguinte. Um estudo feito no Texas, em 2003, e publicado nos *Archives of Diseases in Childhood* (Arquivos de Doenças da Infância), mostrou que 96% dos pais não verificam a mala de seus filhos.

Na verdade isso vale para todos, não só para os jovens. Você deveria carregar apenas aquilo de que realmente precisa, e que seja da melhor maneira possível. Estou me referindo às bolsas que todos carregamos. Se você leva regularmente uma bolsa de ombro ou usa uma bolsa ou pasta de mão, sempre a carrega no mesmo ombro ou do mesmo lado? Verifica se está levando apenas o necessário dentro dela? Sei que eu costumava deixar minha valise de médico ir aumentando de peso conforme punha dentro dela diferentes instrumentos, livros e coisas a mais de que eu poderia precisar quando visitava um paciente particular. O problema era que muitas vezes eu não a esvaziava depois, e ela se tornava aos poucos cada vez mais pesada.

As mochilas são, provavelmente, o melhor tipo de bolsa para se carregar coisas, já que distribuem o peso de maneira uniforme pelas costas.

Vale a pena pesar qualquer bolsa ou mochila que você use com regularidade. Você pode se surpreender ao descobrir que está carregando muito peso por aí todo dia. Será que vai precisar de tudo isso mesmo? Seja implacável, leve apenas aquilo de que necessita e poupe suas costas.

Na mesma linha de raciocínio, você usa chaves penduradas em um cinto, um celular preso à cintura, uma carteira ou livro de bolso em um bolso traseiro? Pense sobre isso e pondere se eles se enterram em você quando se senta ou se deita de costas. Se for esse o caso, existe uma boa chance de que essas coisas obriguem seu corpo a se acomodar na posição de menos desconforto, o que pode significar que alteram sua postura, aumentando o risco para suas costas.

23. NÃO SE ACOMODE COM O USO DE UM COLETE LOMBAR OU UMA BENGALA

Muitas pessoas usam coletes lombares. Isso pode ser muito útil se você tem as costas doloridas, já que ajuda a reforçar os músculos abdominais e a restringir o movimento da coluna lombar. No entanto, só devem ser usados por pouco tempo, em minha opinião só enquanto a dor persistir, já que não custa muito se acostumar a ele. O problema é que, se você não estiver usando seus próprios músculos, eles se tornam mais fracos pelo desuso, o que resulta no agravamento de uma das causas da dor nas costas.

De maneira semelhante, bengalas deveriam ser usados só se absolutamente necessárias e apenas enquanto persistir a dor. Elas podem ser muito úteis para ajudá-lo a ficar ereto e compensar um desequilíbrio, mas o mesmo princípio se aplica: se você usar bengalas em vez de usar seus músculos, elas serão contraproducentes no longo prazo.

Mas se você precisa de uma...

Se tiver um problema subjacente, como artrite, que está provocando seu problema nas costas, uma bengala pode ser bastante útil. Nesse caso, certifique-se de que é a bengala certa para a finalidade e não uma que você herdou de seu avô. Uma bengala padrão de madeira ou cana-da-índia tem um cabo curvo, que é útil para pendurar no braço para deixar você livre para fazer alguma tarefa manual, enquanto aquelas de alumínio leve são mais robustas e seu comprimento pode ser ajustado.

Um cabo Fischer é de plástico especialmente moldado que pode ser melhor para alguém com artrite nas mãos, se tiver dificuldade para segurar.

O comprimento é crucial. Como regra prática, uma bengala de tamanho adequado é aquela cujo comprimento do topo do cabo até a ponta seja o mesmo que a distância da dobra do pulso ao chão. Sendo assim, quando parado de pé, ereto em sapatos do dia a dia, segurando a bengala imóvel, o cotovelo ficará dobrado em cerca de 15 graus. Isso permite boa extensão da bengala ao caminhar e ajudará a suportar o peso.

Sempre se certifique de que a bengala tenha uma boa ponteira de borracha para prover um bom apoio.

E, por fim, use a bengala da maneira certa. Se tiver quadris artríticos, use a bengala do lado oposto, caso contrário você irá capengar e não obterá o alívio de que necessita.

Se estiver em dúvida sobre como escolher ou usar uma bengala para caminhada, seu médico pode lhe indicar um terapeuta ocupacional ou fisioterapeuta para aconselhá-lo.

24. FAÇA UM ESFORÇO PARA SER AMBIDESTRO

Ser destro ou canhoto significa ter a capacidade de distribuição das habilidades motoras finas entre as mãos direita ou esquerda. Estima-se que a grande maioria das pessoas no mundo seja destra, ou seja, usam a mão direita para desempenhar a maioria das tarefas. Os canhotos, ou aqueles que dão preferência à mão esquerda, são muito menos comuns, ocorrendo em 8% a 15% da população. Dizem que ambivalência, ou dominância cruzada, ocorre quando as pessoas usam uma mão para escrever e a outra para jogar. Ambidestreza, a habilidade para fazer qualquer tarefa igualmente com ambas as mãos, é em verdade muito rara, embora possa ser aprendida. Leonardo da Vinci, Michelangelo e Einstein eram ambidestros.

O fato de as pessoas escolherem manter seu hábito de usar uma das mãos em vez da outra pode afetar a postura. Há uma tendência dos músculos de a mão e o braço dominantes tornarem-se mais bem desenvolvidos e mais fortes. Quando essa tendência é extrema, pode resultar em músculos do lado dominante em geral mais fortes, predominando sobre aqueles do outro lado. E isso pode resultar em torções posturais, desigualdade no nível dos membros e em todas as características que observamos no teste do espelho. Em outras palavras, a tendência de usar uma das mãos pode ser parcialmente responsável pelo desequilíbrio postural.

Faz sentido experimentar se equilibrar e tornar os músculos de ambos os lados de seu corpo tão fortes e mais semelhantes quanto possível. E isso significa tentar se tornar ambidestro.

Treinar para se tornar ambidestro exige tempo e esforço, mas creio que vale muito a pena. Não só você se tornará mais jeitoso, mas também começará a usar músculos do outro lado do corpo sem na verdade ter consciência disso — o que só pode ajudar sua postura como um todo.

De início, comece fazendo coisas simples como pegar coisas com a mão não dominante. Use essa mão para mover uma xícara, desenroscar tampas, passar manteiga no pão e assim por diante. Depois tente escrever e desenhar com a mão não dominante. Os resultados podem ser medonhos, a princípio, mas você irá melhorar aos poucos.

Quando se vestir, não ponha suas roupas do mesmo jeito toda vez; experimente e tenha como objetivo usar seu outro lado. Escove os dentes, penteie o cabelo, ponha os óculos com a mão não dominante. Há um sem-fim de tarefas diárias que você pode começar a fazer com a outra mão.

Se você estiver mesmo a fim e achar que as coisas estão correndo bem, atreva-se a experimentar o malabarismo. Na verdade, o malabarismo é uma boa habilidade que ajuda seu equilíbrio. Aos poucos, a falta de jeito desaparecerá e você descobrirá uma destreza que irá colaborar para melhorar sua postura.

25. EXPERIMENTE A TÉCNICA DE ALEXANDER OU FAÇA IOGA OU TAI CHI

Vale a pena considerar fazer tanto a ioga como a técnica de Alexander como coisas a incorporar em sua vida. As duas atividades são boas para a melhoria da postura e irão ajudá-lo a controlar a dor nas costas.

Consulte um médico antes de começar qualquer nova forma de exercício, a fim de se certificar de que não há nenhuma contraindicação. Por exemplo, se existe um histórico de prolapso de disco intervertebral, uma hérnia de disco ou uma irritação da raiz nervosa do pescoço ou do nervo ciático, é vital que você saiba se precisa evitar quaisquer posições de flexão excessiva.

Ioga

Há diferentes ramos da ioga, alguns mais meditativos e espirituais, enquanto outros (como a hatha yoga) são mais físicos e objetivam ensiná-lo a se alongar, relaxar e praticar algumas posturas particulares.

É aconselhável que você faça aulas sob a supervisão de um professor qualificado de ioga, em vez de tentar aprender sozinho com a ajuda de um livro ou de um vídeo. Diga ao seu professor qual é o seu problema, informando o conselho que seu médico tenha lhe dado. Assim o professor poderá avaliar quais são suas necessidades pessoais e aconselhá-lo sobre o tipo de aula a que você deve comparecer.

Em 2005, uma pesquisa foi realizada e publicada nos *Annals of Internal Medicine* (Anais de Medicina Interna), com um grupo de 101 pacientes de idade entre 20 e 64 anos, que tinham sido diagnosticados com dor lombar crônica. Foram, em seguida, encaminhados para um de três grupos durante 12 semanas. Foi pedido que, durante esse tempo, os participantes não tomassem nenhum remédio ou seguissem qualquer tratamento além daquele que estava sendo oferecido. Foram dadas aulas semanais de ioga a um terço deles, um terço teve exercícios aeróbicos uma vez por semana e o último terço foi o grupo de controle ao qual foi dado apenas um livro sobre dor nas costas. O progresso de cada grupo foi acompanhado durante seis meses. Descobriu-se que três a seis meses de ioga eram mais eficientes do que exercício aeróbico e educação (apenas a leitura do livro) para melhorar tanto a dor como o aspecto funcional dos pacientes com dor crônica na coluna lombar.

A postura como um todo pode ser melhorada. A ioga é reconhecida por ser capaz de melhorar a escoliose (curvatura lateral da coluna), a cifose e a lordose. De fato, outro estudo recente, de 2009, da Universidade da Califórnia e publicado no *Journal of the American Geriatrics Society* (Revista da Sociedade Americana de Geriatria) descobriu que, quando um grupo de pessoas idosas fazia ioga durante seis meses, era observada uma diminuição na curva da coluna superior a 5%, em contraste com nenhuma mudança naqueles que não faziam ioga. O exercício reduziu a curva excessiva que resulta na "corcova de viúva" que é comumente observada nas pessoas com osteoporose.

Técnica de Alexander

A técnica de Alexander é um sistema de consciência postural que objetiva tornar o indivíduo mais consciente da maneira com que usa seu corpo. Traz o nome de F. Matthias Alexander, que desenvolveu a técnica para melhorar seus problemas de respiração, que interferiam com suas aspirações de ser um ator das peças de Shakespeare.

Um professor da técnica de Alexander irá demonstrar, explicar e ajudar o indivíduo a entender como melhorar seu equilíbrio, sua coordenação e seus aspectos funcionais.

Assim como na ioga, é aconselhável consultar um médico antes para saber se alguma coisa precisa ser evitada. Depois, tendo conseguido um professor dessa técnica, explique suas condições e quaisquer restrições que possam ser feitas a você. Juntos, você e seu professor da técnica de Alexander irão calcular como aprimorar sua postura, seu equilíbrio e seu bem--estar em geral. É quase certeza de que isso o ajudará a controlar sua dor nas costas.

Tai chi

O tai chi é uma forma antiga de arte marcial chinesa que tem sido praticada no Oriente por mais de 700 anos. Dizem que um monge a desenvolveu como um estilo de combate sem esforço, que permitiria a um guerreiro lutar com eficiência, porém sem exaustão. O conceito lhe ocorreu enquanto observava uma garça tentar, sem sucesso, matar uma cobra. A cobra evitava graciosamente seu atacante com mínimo esforço, superando, com isso, o que deveria ser um adversário mais poderoso.

O tai chi tem crescido em popularidade no Ocidente e, embora tenha sido desenvolvido como uma arte marcial, não é combativo e mais pessoas o praticam sem fazer contato com qualquer outra. Dizem que a prática favorece o fluxo de energia através dos canais naturais do corpo. Também objetiva ajudar o indivíduo a relaxar mentalmente e eliminar o estresse do sistema.

Nas aulas de tai chi, o indivíduo aprende vários movimentos lentos, controlados, envolvendo ambos os lados do corpo, melhorando a postura e tonificando os músculos conforme a execução desses movimentos. Aos poucos, à medida que a pessoa fica mais apta, os movimentos ainda mais complexos podem ser aprendidos, ajudando a manter o corpo tonificado e flexível.

Como a ioga e a técnica de Alexander, o tai chi é mais efetivo quando é ensinado por um instrutor qualificado.

CAPÍTULO 5

Beneficie-se de Movimento e Exercício

Isso pode surpreendê-lo, mas, a menos que você seja uma tartaruga ou um bicho-preguiça, seu corpo foi projetado para se movimentar e mover-se regularmente. É certo que a inatividade é ruim para as costas. Vimos isso no item 7 — Descanse por um curto período de tempo apenas, já que o descanso na cama era recomendado no passado. Hoje em dia, a inatividade é desencorajada, a menos que você tenha uma fratura grave no pescoço ou na coluna. Mesmo assim, é necessário se movimentar assim que possível.

Neste capítulo, vou discorrer sobre os diferentes tipos de exercício ao seu alcance. Não se trata apenas de ficar em forma e manter o tônus muscular. Há diferentes tipos de exercício que você pode fazer com objetivos diferentes. E cada um, de sua própria maneira, contribuirá para sua capacidade como um todo para controlar seu problema nas costas.

26. MANTENHA-SE EM MOVIMENTO PARA EVITAR A RIGIDEZ MUSCULAR

Quando mais você se movimentar, melhor. A inatividade leva à fraqueza muscular, que leva a menos estabilidade e irá piorar o problema. E também leva à rigidez nas articulações, nos músculos e nos tendões que unem os músculos aos ossos.

Tixotropia

Tixotropia é a propriedade que alguns géis ou líquidos têm de se tornar menos viscosos, menos espessos, quando são agitados ou submetidos a uma força tangencial. Em pé, eles podem retornar à sua viscosidade original. Se você pensar na pasta de dentes em um tubo, é um gel dentro do tubo, mas quando você aperta dos lados, torna-se um semilíquido, sai do tubo e toma forma de novo na escova de dentes.

Você pode estar imaginando que relevância isso pode ter para a dor nas costas. Bem, o líquido dentro das fibrilas musculares, as células musculares, é tixotrópico. É semilíquido como a pasta de dentes quando é espremida para fora de seu tubo, quando está em ação. Mas quando está inativo, torna-se mais viscoso e semelhante a um gel.

A mesma coisa acontece com as articulações e os tendões. Essa é a razão, em parte, pela qual você se sente rígido pela manhã. Não é apenas porque os músculos se acostumaram a ficar inativos depois do sono, mas sim porque houve uma mudança na viscosidade do líquido interno.

Quando você está com dor, pode sentir que os movimentos fazem a dor piorar e, por consequência, tende a não se mover tanto. Contudo, essa não é a melhor atitude, pois quanto mais você se mantém em movimento, mais seu corpo ficará acostumado aos movimentos, diminuindo a dor. Você ficará, com certeza, menos rígido se movimentar-se.

É compreensível que as pessoas se preocupem caso a movimentação a mais durante a crise de dor possa piorar as coisas. Na grande maioria dos casos de dor crônica nas costas, o movimento extra só irá ajudá-lo.

No entanto, se a dor nas costas provier de um distúrbio de artrite inflamatória, como a artrite reumatoide, então é importante não tentar superar a dor, já que isso pode prejudicar as articulações, se estiverem com inflamação aguda. Dito isso, a artrite reumatoide não tende a afetar as costas.

Em primeiro lugar, é importante ter um diagnóstico, como mencionado no item 6, Consulte seu médico, no Capítulo 1. Se tiver mesmo artrite reumatoide, verifique com seu médico quais atividades são adequadas para o seu caso.

A osteoartrite, a artrite de "uso e desgaste" normal da idade, é outra questão. É importante se manter em movimento se você é portador desse distúrbio, já que o movimento ajuda a reduzir a rigidez.

27. EXERCITE-SE PARA DIMINUIR A DOR

Exercitar-se para diminuir a dor é, sobretudo, melhorar a postura e estar consciente das posições que seu corpo assume, das posturas que o corpo adotou para sofrer menos desconforto.

Imagine que você tem um problema no pescoço, por exemplo. Há uma inflamação e pressão sobre um nervo do pescoço que vai até a vértebra cervical. O corpo então faz o que pode para reduzir essa pressão. Pode fazer cair o ombro para tirar a pressão do nervo, contraindo um segmento de músculo que move a coluna cervical. Esse músculo entrará então em espasmo para manter a posição. O efeito disso é duplo. Primeiro, limita automaticamente o movimento dessa parte do corpo. Segundo, depois de algum tempo, o estado prolongado de contração ou espasmo do músculo enviará um sinal de cãibra e a dor será percebida. Assim, a consequência será a dor e a limitação de função.

Os exercícios simples que sugiro aqui têm a finalidade de aliviar a dor e soltar os músculos afetados. São exercícios que usam outros músculos e que ajudarão o corpo a obter uma postura melhor e, assim, ajudar os músculos contraídos por espasmo a relaxar. Isso resultará no alívio da dor e na melhoria da função. O efeito de fazer esses exercícios pode ser bem drástico.

Aqui estão alguns exercícios simples a serem experimentados quando você estiver sofrendo de desconforto em suas costas:

Apertar os joelhos na posição sentada

Para isso você precisa de uma cadeira de espaldar reto e de uma almofada firme. Sente-se na cadeira com os pés plantados no chão a 90 graus de seus tornozelos, de modo que seus joelhos estejam dobrados a 90 graus. Sente-se ereto de modo que seu tronco inteiro esteja a 90 graus com relação a suas coxas e tente se esticar o máximo possível como se tentasse empurrar o topo de sua cabeça para o teto. Esta posição favorece as três curvas da coluna.

Agora coloque a almofada entre os joelhos. Devagar, comprima e depois relaxe as coxas bem devagar para que apertem e soltem a almofada. Faça isso 12 vezes e depois descanse. Faça três séries de 12 repetições.

Aos poucos você irá tonificar e desenvolver os adutores dos quadris. Estes são os músculos que estabilizam os quadris. Isso ajudará a pélvis a se mover melhor e, por sua vez, irá destravar a coluna, de forma que as três curvas voltarão. Quando isso acontecer, sua dor irá melhorar em definitivo.

Deitar-se e apertar os joelhos

Imagine como seria se virasse a cadeira para se deitar de costas. Pois bem. Essa é a posição para este exercício. Porém, por favor, não jogue o corpo para trás para fazer isso a fim de não machucar as costas ou a cabeça!

Para este exercício, você precisa de uma cadeira ou uma banqueta ou uma pilha de almofadas firmes (a cadeira deve estar de pé do jeito certo, a propósito). Você precisa se deitar de costas no chão e colocar a panturrilha das pernas na cadeira ou pilha de almofadas, a uma altura tal que suas coxas fiquem em um ângulo reto com as costas. Em resumo, você deve estar com ângulos de 90 graus nos quadris e nos joelhos.

Nessa posição, coloque novamente a almofada entre os joelhos e comprima devagar e depois relaxe os músculos de sua coxa bem devagar conforme aperta a almofada. Faça isso 12 vezes. Faça três séries de 12 repetições. Tente arquear as costas sempre o mínimo durante o exercício. Se sofrer de espasmos, suas costas podem não deixar você arqueá-las a princípio, mas continue tentando.

O exercício tonifica os adutores, mas remove a gravidade, ajudando a pélvis a se soltar, o que por sua vez deixa coluna mais livre.

Dobrar o joelho de forma alternada na posição deitada

Para isso, você deve adotar a mesma posição do último exercício, mas só para uma perna; a outra deve descansar esticada no chão. (Você vai precisar mover a cadeira ou outro apoio para um lado de modo a poder esticar uma perna para fora.) Fique nessa posição por dez minutos, e depois troque de perna e faça o mesmo por mais dez minutos. Este exercício também é bom para permitir que a pélvis fique mais livre, aliviando assim as costas.

Abraçar o joelho

Quando conseguir fazer o último exercício com facilidade e com conforto, experimente fazer isso sem a cadeira ou as almofadas. Com uma perna esticada no chão, dobre a outra o máximo que conseguir. Depois coloque os braços ao redor do joelho e abrace. Tente puxar a coxa em sua direção até tocar o tronco. Mantenha essa posição por cinco segundos de cada vez. Faça o mesmo com a outra perna, e repita o exercício cinco vezes de cada lado.

Este exercício é ótimo para melhorar a flexibilidade da parte inferior das costas.

Soltar o ombro de bruços

Você precisa de duas almofadas para fazer o exercício. Coloque as almofadas no chão para que fiquem na altura dos ombros. Deite-se de bruços, apoiando o rosto entre elas. Em seguida apoie os braços sobre as almofadas de modo que seus ombros fiquem ligeiramente esticados para cima. Faça um sinal de "positivo" com os polegares, apontando-os para o teto.

Isso ajuda a soltar os ombros, o que, por sua vez, irá relaxar os músculos das costas. Como resultado, você não se sentirá tão encurvado.

Rotação espinhal suave

Fique de pé com os pés separados cerca de 10 centímetros. Com os braços esticados à sua frente, gire o tronco aos poucos tanto quando achar confortável. Faça isso de um lado e depois do outro, de modo a conseguir um movimento ritmado. Continue com este exercício por 30 segundos.

Tenha como meta cumprir toda essa rotina de exercícios em algum lugar quente (nunca faça isso no frio, pois não faz bem para as costas), uma vez por dia. Há muito mais exercícios que podem ser acrescidos a estes, mas descobri que esse conjunto simples funciona bem, é fácil de fazer e traz resultados positivos.

28. EXERCITE-SE PARA ALONGAR AS COSTAS

Parto do princípio de que você não deve se esforçar demais em pouco tempo. Se tiver um problema nas costas, então execute os exercícios de maneira bem suave. É preciso intensificar gradualmente a rotina de exercícios e não julgar que pode tornar as costas mais fortes de repente. Vá devagar, com frequência e chegará lá.

A diferença entre esse tipo de exercício e os último é que este é mais aeróbico, enquanto os últimos eram alongamentos. A finalidade destes exercícios é desenvolver força para que os músculos possam mais bem apoiar as costas.

> **Fortaleça as costas com exercícios leves todo dia**
>
> Muitas pessoas com problemas nas costas têm uma tendência a se superproteger e nunca se arriscar a machucar as costas de novo. Isso é contraproducente conforme tenho apontado ao longo deste livro, pois os músculos precisam

> ser usados ou a dor nas costas irá piorar. Se você não os usar, eles ficarão mais fracos. Simples assim.
>
> Portanto, passar aspirador na casa, cuidar das plantas, varrer, cuidar da grama é muito bom para as costas. Todas essas tarefas fazem você usar os músculos, colocando-os em movimento. No entanto, quero recomendar que você tenha como objetivo ser bilateral. Não permaneça no padrão de varrer ou cavar o chão de um lado só. Continue a mudar de lado.

29. EXERCITE-SE PARA FORTALECER O ABDÔMEN

Isso é crucial, embora a maioria das pessoas com problemas nas costas não se exercite o suficiente. As pessoas costumam se apavorar ao dobrar o corpo com receio de uma nova crise de dor nas costas por talvez isso já ter acontecido antes. O resultado é que os músculos abdominais ficam mais fracos e frouxos, podendo haver ganho de peso, além de puxar o corpo para a frente, levando a uma postura pior. Sentar-se é também ruim para os músculos abdominais, já que os faz relaxar e afrouxar.

As costas não devem ser encaradas como separadas da frente do corpo. Você precisa que a frente de seu corpo seja forte para ajudar as costas a se movimentar e funcionar do jeito correto. Se os músculos abdominais estiverem em boa forma, ajudarão os músculos costais a assumir uma boa curvatura das costas.

O reto abdominal é o músculo forte que flexiona o abdômen. Estende-se pela frente do abdômen a partir da parte inferior da caixa torácica até o topo da pélvis. É esse o músculo responsável pela desejável "barriga de tanquinho".

Os músculos oblíquos abdominais correm através do abdômen em faixas, em ângulos oblíquos. Existem dois conjuntos: os músculos oblíquos externos, que correm em diagonal para firmar a cavidade abdominal; e abaixo deles os músculos oblíquos internos, que estão a um ângulo ligeiramente diferente e dão mais apoio ao abdômen. Os músculos oblíquos estão envolvidos nos movimentos de dobrar e torcer do tronco.

Fortaleça seus músculos abdominais com ondulações abdominais

Deite-se de costas e dobre os joelhos de maneira colocar os pés planos no chão. Agora cruze os braços e coloque as mãos nos ombros opostos. Em seguida levante a cabeça do chão, olhando para o teto. Repita dez vezes o movimento.

Não tente erguer a cabeça muito alto até que tenha fortalecido sua musculatura durante alguns dias ou até mesmo por umas duas semanas. Depois, tente erguer a cabeça para que as espáduas saiam do chão.

Você também pode fazer uma ondulação abdominal cruzando as mãos atrás da cabeça e depois erguendo um joelho e tocando com cotovelo oposto. Mantenha a posição por cinco segundos e depois faça o mesmo do outro lado. Repita cinco vezes de cada lado.

Nunca faça isso sem dobrar os joelhos.
Faça deste um exercício regular de todo dia.

30. ESCOLHA ESPORTES QUE SEJAM BONS PARA AS COSTAS

O esporte é um modo agradável de praticar exercícios. Para não se arriscar a machucar mais as costas, certifique-se de que o esporte escolhido esteja dentro de sua capacidade. Seria bobagem, por exemplo, adotar um esporte de combate depois de ter um prolapso de disco.

Antes de qualquer esporte que envolva curvar o corpo, fazer torções ou elevações, deve-se sempre fazer um aquecimento.

É sempre sensato procurar um médico ou outro profissional de saúde ao adotar um novo esporte. Ele irá estabelecer as coisas que você pode e não pode fazer. Informe-se bem sobre o esporte que pretende praticar para que possa conseguir uma opinião abalizada.

Esportes bilaterais

Os esportes bilaterais são os melhores para as costas. São os seguintes os esportes que envolvem os dois lados do corpo:

- ❐ **Caminhada** — esta é a mais simples e uma das melhores atividades esportivas que você pode conceder às suas costas.

- ***Jogging* ou marcha ritmada** — também é bom, mas você terá mais impacto de vibração nas costas do que com a caminhada. Vá aumentando a distância aos poucos, e assegure-se de estar com o calçado adequado para a prática.
- **Natação** — é excelente, já que é uma atividade bilateral e não tem influência do peso. O nado de peito pode hiperestender o pescoço, portanto tome cuidado se tiver um problema na região. É bom variar as braçadas. Se você for nadador fraco ou medíocre, considere ter aulas para melhorar e desenvolver seus movimentos.
- **Remar** — esta atividade usa muitos músculos e é boa para a força e a flexibilidade. Se você não for adepto de barco na água, experimente um aparelho de remar.
- **Andar de bicicleta** — também é um bom exercício de força e resistência. Certifique-se de que esteja numa posição boa e confortável para as costas. Mais uma vez, se não quiser sair pela rua, uma bicicleta de exercício é um bom substituto e irá beneficiar as costas.

Esportes unilaterais

Para praticar esses esportes é preciso ser cuidadoso, já que muitas dessas atividades exigem que fique numa posição particular ou adote um movimento que irá provocar uma tensão de um lado do corpo. São agradáveis, mas você precisa de fato ter consciência de sua habilidade e ser cauteloso para não se machucar.

O golfe envolve caminhar e lançar uma bola com um taco, atirar a bola em qualquer lugar entre 72 (muitos percursos têm um par de 72) e 110 vezes. Na maioria desses lançamentos você terá de bater com força na bola parada. Isso significa que será preciso realizar um giro que resultará na repetição de uma ação que fará vibrar sua coluna muitas vezes no decurso de uma rodada. Muita gente que joga golfe tem problemas nas costas por causa dessa pancada unilateral. Isso não quer dizer que se deva evitar o esporte; apenas seja cuidadoso. Tome aulas com um profissional, mas evite lançamentos repetidos em um campo de golfe. É melhor jogar uma série, caminhar entre as tacadas em vez de ficar parado imóvel e lançar uma centena de bolas.

Esportes de raquete, tal como tênis, *squash* e *badminton* exigem movimentos velozes, mudanças rápidas de postura e torções. Isso, somado às pancadas unilaterais, fazem deles esportes que requerem cuidado, já que é fácil lesionar as costas ao praticá-los.

Esportes de arremesso e contato

Esportes como o futebol, hóquei e rúgbi são todos perigosos para qualquer pessoa que tenha problema nas costas. O rúgbi é outro esporte de contato que também não é adequado. O futebol é outro esporte que pessoas com problemas nas costas devem evitar, por causa das torções rápidas, dos chutes e dos movimentos alongados. O hóquei não é um esporte de contato, mas combina os movimentos de futebol com pancadas unilaterais.

Nenhum esporte de combate é bom para as costas.

Competitividade

É natural que as pessoas gostem de dar tudo de si quando praticam esportes. Ser competitivo e jogar para ganhar é, para muita gente, o âmago do esporte. O problema é que, para vencer, você tem de se esforçar cada vez mais e isso pode significar se dispor a ir mais além, torcer-se mais do que pretendia e assim por diante. Não é fácil acompanhar o passo em esportes competitivos. Se você for competitivo por natureza e tiver um problema nas costas, então é melhor considerar outro esporte que evite correr riscos desnecessários. Antes de adotar algum novo esporte vale a pena aconselhar-se e elaborar um programa de condicionamento físico com um preparador profissional que esteja ciente de sua limitação com as costas.

CAPÍTULO 6

Pense em como Adaptar Seu Estilo de Vida

Se tiver um problema nas costas que provoca crises, é melhor avaliar seu estilo de vida e considerar quais coisas que podem estar contribuindo para os episódios repentinos de dor. Isto é, não pense que a dor nas costas aconteceu só porque você torceu o corpo ou ergueu algo de modo errado. Pode ser que existam outros fatores que contribuem para o problema e que o movimento de torção apenas puxou o gatilho de uma arma que já estava engatilhada, carregada e pronta para disparar.

Este capítulo versa sobre como reduzir o risco de machucar as costas e também sobre algumas coisas que você pode fazer para se ajudar de verdade.

31. ACABE COM OS MAUS HÁBITOS

Todos os hábitos são uma forma de comportamento aprendido. Dizemos que alguns hábitos são "bons", pois servem a algum propósito útil. Por exemplo, escovar os dentes depois de uma refeição e colocar o cinto de segurança no carro são bons hábitos a se adotar. Por outro lado, os maus hábitos são desagradáveis esteticamente, perigosos para a saúde ou responsáveis por levar a outros problemas.

Fumar

Essa é uma das piores coisas que você pode fazer em termos de saúde. Desde que Richard Doll e Austin Bradford Hill comprovaram a associação entre câncer de pulmão e fumar cigarros, em 1950, acumulam-se evidências dos efeitos nocivos do fumo em todos os aspectos da saúde. A dor nas costas não é exceção.

Um estudo de pesquisa da Noruega, de 1996, avaliou 6.691 pessoas entre 16 e 66 anos de idade. Havia número igual de homens e mulheres. Os pesquisadores descobriram que aqueles que fumavam eram duas vezes o número dos que relatavam dor em relação aos que não fumavam. O interessante é que o histórico do fumo era um fator independente, significando que, na verdade, parecia ter um efeito por si mesmo sobre os níveis de dor. É possível que o ato de fumar esteja envolvido, de fato, com o mecanismo de percepção da dor. Também parece possível que amplifique o problema, ao reduzir a capacidade do corpo de se recuperar.

Se precisar de ajuda para parar de fumar, seu médico pode encaminhá-lo para um grupo de ajuda já existente em vários hospitais e clínicas especializadas.

Álcool

Não há problema em se consumir álcool de maneira sensata. Isso quer dizer beber não mais de 21 unidades por semana para mulheres, considerando-se que uma unidade é uma taça pequena de vinho, uma dose (das de bar) de bebida destilada ou uma meia cerveja. Pessoas com dor crônica nas costas bebem mais que isso, com frequência, mas há um problema potencial. O álcool é um depressivo e não um estimulante. Seu aparente efeito estimulante, depois de uma pequena quantidade, decorre do fato de que reduz a atividade dos neurônios inibitórios no sistema nervoso e o humor da pessoa pode parecer se animar. Esse é um efeito relaxante. Quando se bebe mais do que isso, mais neurônios são inibidos, afetando o movimento, tornando a fala arrastada e assim por diante. Mais bebida ainda pode levar ao pensamento desordenado e ao comportamento desinibido da embriaguez.

Beber demais com regularidade fará com que os neurônios inibitórios funcionem em um nível sofrível. O efeito depressivo do álcool é que, além de afetar as emoções, pode fazer com que os sinais de dor sejam percebidos de imediato. Isto é, a dor é sentida com mais frequência e mais regularidade do que seria por alguém que não bebe demais.

Sendo assim, meu conselho é ingerir bebidas alcoólicas de maneira sensata e responsável.

Drogas recreacionais

Refiro-me aqui às chamadas drogas recreacionais, como a maconha. As pessoas, às vezes, alegam que encontram alívio na dor nas costas com a maconha. Minha visão é que essa droga não é segura e tem-se demonstrado perigosa para certas pessoas que sofrem de ansiedade e até mesmo precipitar uma doença psicótica. Além do fato de serem ilegais, acho que as drogas recreacionais devem ser evitadas no terreno da saúde.

32. CORTE OS ALIMENTOS DE BAIXO VALOR NUTRITIVO E CONCENTRE-SE EM ATINGIR UM IMC SAUDÁVEL

Estar acima do peso predispõe, sem dúvida, a que você tenha dor nas costas. O peso extra provoca tensão sobre as vértebras, os ligamentos e os músculos do tronco. O ideal seria que você tivesse a meta de atingir um índice de massa corporal (IMC) entre 18,5 e 25. O índice de massa corporal é um meio aceito de relacionar peso a altura. É facilmente obtido dividindo-se o peso em quilos pela altura em metros.

Se você está planejando diminuir seu peso, faça disso um objetivo de longo prazo para obter um IMC de 25, e escolha metas lentas e realistas.

Alimentos de baixo valor nutritivo

Por *junk food*, ou alimento de baixo valor, eu me refiro à comida "rápida" com gordura, açúcar e sal adicionados e aos alimentos processados com uma porção de aditivos.

O fato é que esse tipo de alimento tende a gerar inflamações. As gorduras usadas na preparação incluem gorduras trans e saturadas. Tais substâncias promovem inflamação porque o ácido araquidônico, um dos ácidos graxos encontrados nessas gorduras, é quebrado pelas enzimas em prostaglandinas e leucotrienas. E essas são substâncias químicas conhecidas por desencadear a inflamação. Se você já sofre de uma inflamação que estiver causando sua dor nas costas, comer comidas de baixo valor nutritivo é responsável por tornar a dor pior.

A alimentação com índices elevados de açúcar tem sido associada ao aumento das inflamações, assim como a predisposição à obesidade e à diabetes. Vale a pena eliminar de sua dieta os alimentos com alto teor de açúcar, como refrigerantes, doces, cereais pré-adoçados e massas. Isso não quer dizer que você não deve consumir coisas como chocolate e sorvetes, mas sim que não os coma com muita frequência.

Verifique se os alimentos em conserva contêm nitrato. Tal substância é usada como conservante em muitos alimentos processados, e também promove inflamação.

Comer depressa

Uma das razões para as lanchonetes terem tanta procura é porque as pessoas vivem com pressa. Mas comer depressa não é bom para seu corpo. Pular refeições, fazê-las em movimento, engolir sem mastigar ou comer muito tarde são padrões que tendem a causar problemas no longo prazo. Todas as suas funções digestivas são controladas por parte de seu sistema nervoso, que só opera quando você está calmo e descansado. Quando está em pé e ocupado, ele

> praticamente se desliga, de modo que seus músculos ficam com "a parte do leão" do oxigênio. Isso significa que a digestão é atrasada até mais tarde e o alimento fica ali fermentando. Isso pode levar a inchaço por excesso de produção de gases e constipação.
>
> Você deveria ter por objetivo comer em horas regulares, de preferência sentado a uma mesa, consumindo alimentos integrais, frescos, ricos em nutrientes, em vez de comidas processadas com gordura, sal e açúcar demais. Experimente deixar o hábito de comer um sanduíche rápido ou, pior de tudo, comer de pé.

33. USE ALIMENTOS E TEMPEROS ANTI--INFLAMATÓRIOS

Tal como o "lanchinho rápido" pode promover inflamação, sua dieta pode incluir alimentos que são anti-inflamatórias.

Alimentos que contêm ômega-3

Esses alimentos são conhecidos por reduzir a inflamação e vale a pena usar esses óleos em vez de gorduras saturadas em sua dieta.

Você vai descobrir que vários alimentos, como margarina, manteiga, sucos e até mesmo o leite, têm adição de ômega-3, que é bom porque a alimentação média dos britânicos, americanos e brasileiros é de fato muito deficiente em ômega-3. Contudo, é mais eficiente obter o ômega-3 em sua forma natural, isto é, do peixe gordo, como salmão, cavala e sardinha. Tenha como objetivo consumir duas ou três porções de peixe por semana. Fontes convenientes aos vegetarianos, como o óleo de linhaça ou de linho, também podem ser usadas.

> **Importante**
>
> O ômega-3 pode afinar o sangue, portanto não deve ser consumido junto com anticoagulantes ou aspirina.

Três temperos anti-inflamatórios

Acho que vale a pena pensar em usar estes três temperos em sua cozinha. Eles têm demonstrado apresentar propriedades anti-inflamatórias e podem ajudar, se usados regularmente. Todos eles são ervas "curativas", por isso exigem cuidados já que podem causar indigestão em algumas pessoas.

Cúrcuma

Este é o ingrediente ativo do açafrão ou gengibre-dourado, como também é chamado, por causa da cor amarelo-vivo. A cúrcuma também é usada para colorir o pó de mostarda. Em testes, foi descoberto ser tão efetiva como a hidrocortisona (um esteroide) como agente anti-inflamatório. O pó de cúrcuma pode ser acrescentado ao arroz, salada de ovos, temperos de salada, condimentos apimentados, feijões e molhos.

Gengibre

O ingrediente ativo aqui é o gingerol, que é um agente anti-inflamatório natural. Funciona inibindo algumas das prostaglandinas inflamatórias, que são mediadores naturais da inflamação no corpo. O gengibre pode ser tomado como um suplemento, numa dose de 500 mg a 1.000 mg por dia. Como alternativa, você pode usar gengibre em pó em sobremesas ou em bolos. Também pode usar a raiz fresca do gengibre em muitos pratos saborosos.

Capsaicina

Este é o ingrediente ativo das pimentas de caiena ou *chilli* vermelho. É reconhecido por ter efeitos anti-inflamatórios quando consumido junto com a alimentação. Se você gosta de pimenta na comida, esta pode ser uma boa maneira de tomar uma substância anti-inflamatória natural. A capsaicina é uma substância hidrofóbica, ou seja, não gosta de água e não se dissolve, o que explica por que beber água não irá aliviar o ardor da boca depois de comer *chillies*. A água se espalha em torno da boca para, paradoxalmente, tornar a queimação pior. Se você se encontrar nessa situação, beba leite ou um pouco de bebida alcoólica, já que a capsaicina pode ser dissolvida em gordura (que o leite contém) ou no álcool.

Antioxidantes

Os antioxidantes são substâncias químicas naturais envolvidas na prevenção do dano celular, que é o caminho comum para a inflamação, o envelhecimento e várias doenças degenerativas. Esses "mocinhos" fazem isso dando fim aos radicais livres, que são os "bandidos", os grandes culpados por esses problemas.

Em muitos processos metabólicos em que tem lugar a oxidação, os radicais livres são produzidos. Estes são átomos ou grupos de átomos com um número ímpar de elétrons sem par que podem iniciar reações em cadeia, por exemplo, do mesmo jeito que filas de dominós tombam umas sobre as outras. O resultado final é o dano aos componentes celulares, como o DNA e as membranas das células. Isso é fácil de ser observado se uma tira de borracha foi deixada exposta ao ar por um longo tempo. Ela se tornará quebradiça e corroída. Se imaginar isso acontecendo às membranas das células, no interior dos vasos e nos tecidos das costas, então você perceberá como os efeitos podem ser extensos.

Todo mundo sabe que se deve comer cinco porções de fruta, verduras e legumes por dia. Parece simples, mas muita gente nunca chegou a esse tanto. Vale a pena tentar comer suas cinco porções coloridas, misturando cinco pedaços de diferentes frutas coloridas, o mesmo para legumes e verduras todo dia. Se fizer isso, você estará ingerindo um saudável suprimento de antioxidantes que ajudará a reduzir a inflamação.

Água

Esta é a bebida energética fundamental. Um sistema hidratado funcionará na sua melhor forma. Cerca de 75% da população está desidratada a maioria do tempo.

Se aumentar simplesmente sua ingestão de água para seis a oito copos por dia (não mais que isso), você pode reduzir de modo significativo seu grau de dor nas costas.

34. CONSIDERE A IDEIA DE TOMAR SUPLEMENTOS

Se estiver sob alguma medicação prescrita, consulte seu médico sobre a possibilidade de experimentar suplementos.

Vale a pena considerar os seguintes suplementos caso sua dor nas costas seja por causa da artrite subjacente:

Comprimidos de sulfato de glucosamina e sulfato de condroitina

Estas substâncias químicas são componentes de cartilagem. Em 2001, uma importante tese foi publicada no *The Lancet* (publicação semanal sobre doenças infecciosas, neurológicas e oncológicas de renome mundial), por uma equipe da Bélgica, Itália e do Reino Unido, liderada por Jean-Yves Reginster. O estudo de três anos demonstrou que o sulfato de glucosamina parava acentuadamente o progresso da osteoartrite e que, na verdade, parava a destruição da cartilagem.

A dose efetiva de sulfato de glucosamina é de 1.000 a 2.000 mg diárias. Se tomada sozinha, sugiro 500 mg três vezes ao dia. A dose efetiva de sulfato de condroitina também é de 1.000 a 2.000 mg por dia. Quando tomados juntos, a dose de 1.000 mg para cada um parece ser a mais adequada.

> **Alerta de alergia**
>
> O sulfato de glucosamina é derivado da casca do camarão, do caranguejo e da lagosta. Não deve ser tomado por pessoas alérgicas a frutos do mar. É melhor ser evitado por quem esteja tomando um anticoagulante ou aspirina.
> O sulfato de condroitina é derivado da cartilagem do porco ou do boi. Tanto a glucosamina como a condroitina contêm sulfato, portanto evite se você for alérgico.

Comprimidos ou cápsulas de MSM

O metilsulfonilmetano, MSM, é uma boa fonte de sulfa ou enxofre. Pode ser um suplemento maravilhoso para pessoas com deficiência de enxofre. O grande problema é não existir um teste disponível para determinar o nível de enxofre de uma pessoa. Descobri que é muito eficiente em pessoas com osteoartrite muito dolorosa e em algumas pessoas com dor crônica nas costas.

A dosagem é de 1.500 a 2.000 mg diariamente. Há quem sofra uma piora dos sintomas por uma semana ou duas, mas de maneira geral se segue uma melhora.

É óbvio que, se você for alérgico a enxofre ou sulfato, deve evitar este suplemento.

Cálcio e vitamina D

Mencionei a osteoporose no item 4 — Entenda as causas da dor nas costas, no Capítulo 1. É importante fazer tudo que você puder para prevenir esse distúrbio. Isso significa se assegurar de ter uma boa ingestão de cálcio em sua dieta alimentar —

queijo, leite e outros laticínios são boas fontes. Peixe gordo é rico em vitamina D, que o ajuda a absorver o cálcio.

Em minha opinião, toda mulher acima dos 40 anos deve tomar um comprimido diário de cálcio e vitamina D, para reduzir o risco de osteoporose. Antes, porém, verifique a necessidade com seu médico.

35. CONSIGA AJUDA NO TRABALHO

Onde você trabalha e o que faz no trabalho pode ter um efeito direito sobre suas costas.

Ergonomia é o nome para o estudo das maneiras com que as pessoas interagem com o ambiente a sua volta. A maioria dos empregadores deveria prover uma avaliação ergonômica para seus funcionários para que não tenham problemas com as costas no trabalho, de forma que não corram o risco de se machucar mais ou de sofrer mais tensão.

Tipos de trabalho

A verdade é que a maioria das tarefas não é projetada para as necessidades de cada um, já que os funcionários são de idade e condição física variadas e têm a propensão de querer fazer as coisas a sua maneira.

Trabalhos atrás de uma mesa — Se você fica sentado durante uma grande parte do dia, seu assento e sua mesa de trabalho deveriam ser calculados de maneira ergonômica. O assento precisa ser confortável (veja item 20 — Sente-se direito). Se estiver usando um computador, a altura do assento deve ser ajustada. É melhor se sentar no fundo da cadeira de modo que seu peso se apoie na pélvis e não nas coxas. Um apoio lombar pode ser incorporado à cadeira.

A disposição das coisas sobre a mesa e o teclado do computador devem ser levados em conta. É possível obter um teclado ergonômico e curvado para permitir que você fique na postura certa.

A altura do monitor do computador pode precisar de ajuste, de modo que você não tensione demais o pescoço. O centro da tela deve ficar no nível dos olhos. Esta é a regra prática e deveria ser avaliada de indivíduo para indivíduo de acordo com as necessidades de cada um.

Levante-se com frequência e se movimente, caso contrário seus ombros tenderão a cair e se sentar de maneira inadequada. Além disso, levantar-se e andar ajudam a fazer os músculos sóleos funcionar, tornando menos provável o inchaço dos tornozelos e dos pés. Você deve lembrar-se de que falamos sobre o efeito da "bomba do sóleo" no item 20.

Em pé — Se você passa muito tempo de seu dia de trabalho de pé, observe a superfície por onde anda ou fica parado. Um calçado bom e apropriado é essencial.

Carregadores — Se você carrega coisas em seu trabalho, ou precisa erguer peso, é importante que considere a carga de forma a não lesionar suas costas. É imperativo que você erga as coisas de maneira adequada e certifique-se de poder observar isso em seu trabalho.

Motoristas — Se você passar uma grande parte de seu tempo de trabalho sentando e dirigindo, deve observar a postura correta. Sentar-se muito para a frente debruçado sobre o volante ou reclinar-se muito para trás com os braços esticados para segurar o volante podem provocar problemas nas costas.

Incorpore alguns exercícios ao trabalho

Se você for sedentário, precisa se condicionar a fazer algo para ajudar a manter os músculos tonificados. Um simples alongamento no local de trabalho ou durante os intervalos irá ajudar. Isso não deve causar constrangimentos, já que é interesse de todos que você possa controlar sua dor nas costas durante o expediente.

E quando chegar em casa do trabalho

Não se jogue numa cadeira. Você pode sentir vontade de descansar depois de um dia duro de trabalho, mas se suas tarefas tensionam as costas, a última coisa que você deve fazer é se descuidar da postura e agravar a situação de suas costas.

Isso não quer dizer que você não pode relaxar, mas apenas que esteja ciente de que existem outros meios para fazer isso além de se sentar largado na frente da televisão. E a mesma coisa serve para os laptops, computadores pessoais e consoles de jogos. Você não vai querer continuar com as mesmas tensões do trabalho quando chega em casa.

Se for sedentário no trabalho, use o tempo em casa para fazer alguma atividade não sedentária. Pense como pode usar seu tempo bem e de forma agradável para ajudá-lo a mais bem controlar suas costas, como cuidar do jardim, cozinhar, levar o cachorro para passear etc.

36. APRENDA A LEVANTAR COISAS DA MANEIRA APROPRIADA

Todo mundo pode aprender a erguer as coisas de modo apropriado. Você pode achar que é algo que fazemos naturalmente, mas não é. As pessoas aprendem a erguer coisas pela experiência, depois de verem outras pessoas executarem o trabalho. Erguer as coisas com segurança não é algo que seja ensinado em algum curso (a menos que seja uma parte integrante de sua vocação).

Pare com os pés separados — Você deve dar a si mesmo uma base larga de onde se levantar. Isso ajudará seu equilíbrio. Use a largura dos ombros ou pouco menos como base para a distância entre os pés.

Fique perto daquilo que você erguer — A intenção deve ser erguer verticalmente e não em um ângulo. Se tiver de se inclinar, você está angulando suas costas com um risco de forçá-las.

Dobre os joelhos — Isso é algo que todo mundo parece saber, mas que é ignorado na maior parte do tempo. Uma razão comum para não dobrar os joelhos ao erguer algo é que você não considera que o objeto ou a carga seja pesada, eliminando da mente a possibilidade de se machucar. Isso é um erro, porque o içamento correto de todo e qualquer peso irá evitar o inesperado. O objetivo principal de dobrar os joelhos é ter condições de alavancar o peso para cima com as costas retas.

Segure firme, estável — Muitas vezes as pessoas forçam suas costas ou se machucam de outras maneiras ao tentar erguer coisas de um modo não convencional. Podem ter várias coisas numa das mãos e tentar erguer algo com uma mão só, de um jeito que terão de arquear a coluna para conseguir. Não faça isso. Use sempre as duas mãos, e não tente erguer várias coisas ao mesmo tempo nem ganhar tempo levantando muita coisa de uma vez. Por último, não se obrigue a equilibrar coisas como um acrobata erguendo pilhas instáveis.

Mantenha o peso na direção dos calcanhares — Quando começar a levantar alguma coisa, afaste os pés como mencionado acima e mantenha seu peso na direção dos calcanhares e do lado de fora dos pés, já que isso emprega os músculos básicos. Não se deve levantar coisas quando estiver se equilibrando nos dedos dos pés.

Solte a respiração quando erguer alguma coisa — Isso é muito importante. Não se deve prender a respiração como muita gente faz quando faz força. Deve-se sempre exalar o ar ao fazer o esforço. Isso se aplica quer esteja erguendo um barril, um saco de cimento (embora seja melhor pedir ajuda para tanto), fazendo um giro numa tacada de golfe ou batendo numa bola com uma raquete. Vale a pena adotar o hábito em suas atividades diárias normais.

Não tente imitar um halterofilista — Quero dizer que você precisa se levantar devagar, empurrando-se para cima com as pernas, para que elas façam todo o trabalho. Você não vai levantar um peso acima de sua cabeça como um halterofilista, portanto não arremesse o corpo para cima. Não tenha pressa.

> **Descer coisas também precisa de cuidado**
>
> É preciso muito cuidado para descer coisas. Não faz sentido se proteger para levantar objetos, e se machucar ao colocá-los para baixo. Esse também deve ser um movimento suave, uma versão contrária ao ato de erguer coisas.

O que se deve evitar quando erguer alguma coisa

- ❒ Peso de largura muito grande — se for algo que pode ser dividido, pegue cargas menores.
- ❒ Arrastar a carga antes de erguê-la — se puder, é sempre mais fácil empurrar.
- ❒ Girar — Este é o movimento a mais que tende a forçar as juntas de faceta. É essa torção extra que faz as costas "travarem".

- Alcançar aqueles poucos centímetros a mais — uma carta cai no chão, você se abaixa e um ventinho a leva uns poucos centímetros mais além. Você já está abaixado, mas agora se estica — e, de repente, as costas "travam"!
- Erguer algo muito alto — se tiver de esticar suas costas para trás para conseguir aqueles centímetros a mais de altura, está tentando erguer algo muito alto para você. É melhor pedir ajuda. E, lembre-se, nunca fique constrangido por isso.

37. ESCOLHA A CAMA CERTA

Quando imaginamos que vamos passar um terço de nossa vida na cama, faz sentido tornar esse tempo o mais confortável possível, além de muito benéfico para suas costas.

Posição de dormir

Você se mexe muito durante o sono? Há pessoas que fazem isso naturalmente, mudando de posição com frequência. Algumas delas têm uma vaga consciência de que agem assim porque não se sentem confortáveis. Se você está nessa categoria, deve acordar sentindo-se "travado" e com dor nas costas.

Gente que dorme de abdômen para cima tem mais probabilidade de acordar se sentindo desconfortável. Isso porque dormir nessa posição, com as pernas estiradas, tende a provocar uma curva exagerada na região lombar inferior das costas.

Tudo indica que a melhor posição para as costas é deitado de lado com os joelhos dobrados em um ângulo de cerca de 45 graus. Tentar se colocar nessa posição é uma boa ideia. Colocar um travesseiro ou uma pequena almofada entre os joelhos pode tornar a posição mais confortável.

Se não conseguir se acostumar a deitar-se de lado, tente usar um travesseiro ou almofada entre os joelhos para criar a curva do joelho, tirando um pouco da pressão da parte inferior das costas. Gente com tendência a ter dor no ciático costuma achar que isso ajuda.

As pessoas que dormem de bruços podem descobrir que tentar dormir de lado é útil, porque é mais provável que consigam colocar as pernas numa posição mais relaxada como mencionado acima. Deitar-se de bruços vai esticar as pernas.

O colchão

No passado, as pessoas compravam um colchão e o conservavam durante a vida inteira. Acreditavam que se acostumavam com a forma. É bem provável que o colchão se deforme e o corpo se acostume com essa deformação com um efeito inevitável sobre a postura. O ideal seria se a gente pudesse ter um colchão novo a cada dez anos. É preciso virá-lo uma vez por mês e de preferência por duas pessoas. Cuidado!

Não há respostas no tocante à firmeza do colchão pela variedade de problemas nas costas. Em parte, é uma preferência pessoal, mas os colchões macios não são bons. Se seu colchão é muito macio, vai ceder e não lhe dar apoio. Por outro lado, não deve ser muito duro, senão seria como se deitar no chão. É preciso algum acolchoamento.

Os colchões modernos com memória são excelentes, porque se adéquam ao formato do corpo da pessoa e adaptam-se a quaisquer movimentos do corpo. Eu uso um e recomendo. (Devo acrescentar que não tenho acordo de nenhum tipo com quaisquer fabricantes de colchões!)

Travesseiro

Você deve sempre usar um travesseiro ou dois, para permitir que o pescoço seja apoiado. Travesseiros especiais podem ser encontrados no mercado para atender àqueles que sofrem de dor no pescoço.

Evite camas com estrado

Era comum aconselhar pessoas a colocar uma tábua ou uma porta debaixo do colchão para dar um apoio extra. Essa não é uma boa ideia, porque interfere no trabalho do colchão e não existem evidências sólidas de que seja de algum benefício.

38. DESFRUTE DE SUA VIDA SEXUAL

Uma vida sexual amorosa e ativa é normal. Seria uma pena que um problema crônico nas costas a interrompesse ou restringisse muito. A dor nas costas pode limitar sua atividade, mas ainda existem coisas que você pode fazer para manter acesa a chama da paixão e meios pelos quais é possível agradar um ao outro sem provocar dor.

Como está sua libido?

A dor nas costas pode levar a pessoa a evitar o ato sexual, se descobrir que ele causa mais dor. Inconscientemente, a libido pode declinar ou se desligar.

A ansiedade e a depressão também podem reduzir a libido. A ansiedade com relação à lesão, ou ansiedade com relação ao desempenho, pode diminuir o desejo por sexo. A depressão pode reduzir a libido, portanto se você se der conta de que sua libido está reduzida, considere se o problema não é a depressão.

É melhor consultar um médico se achar que está evitando o sexo por causa da ansiedade ou se suspeitar que está deprimido, já que o tratamento do problema emocional subjacente pode fazer uma enorme diferença. E, como mencionado antes, a depressão por si só pode piorar a dor nas costas.

Como é a libido de seu parceiro ou parceira?

Isso também é algo que vale se questionar, já que seu parceiro ou parceira também pode ter uma queda na libido. Se seu parceiro ou parceira estiver temeroso de machucá-lo, ele/ela pode estar ansioso ou começando a ficar deprimido. Lembre-se de que qualquer coisa que afete um parceiro irá afetar o casal. Se houve alguma dúvida quanto a esse assunto, o melhor a fazer é consultar um médico.

Uma vida sexual não se resume ao sexo

Sem desejar entrar em questões mais amplas sobre a finalidade do sexo, mas geralmente uma vida sexual ativa e amorosa é boa para as pessoas, pois relaxa e aumenta o bem-estar. Qualquer coisa que ajude as pessoas a relaxar tenderá a reduzir os níveis de dor e pode se tornar uma meta para qualquer um com um problema crônico nas costas. E isso nos leva à mecânica do ato sexual.

Tome um analgésico

Não há problema nenhum em tomar analgésico. Se você desconfiar que sentirá dor durante o ato sexual, nada mais natural do que tomar um analgésico meia hora antes, acabando com a ansiedade em relação à dor.

As melhores posições para as costas

Na verdade, não existe nenhuma posição "melhor", mas há posições que causam menos danos para as costas.

A razão pela qual as pessoas, já com problemas nas costas, sofrem mais dor durante o sexo é, em geral, por causa da hiperflexão ou da curvatura excessiva da coluna e dos movimentos repentinos de solavanco. É por isso que certas posições mais arriscadas são desaconselhadas. Nesse caso é melhor visar um ato sexual menos vigoroso.

Em algumas posições, você pode precisar de alguma escora, portanto usar almofadas ou toalhas enroladas pode ajudar.

A posição do missionário

Esta é uma das posições sexuais mais comuns. O casal fica de frente um para o outro, com um parceiro por baixo e o outro por cima. Se o parceiro embaixo tiver problema nas costas, experimente apoiar as costas numa toalha enrolada que deixará a coluna numa posição boa e confortável.

Se o parceiro que estiver em cima sofrer de um problema nas costas, a posição do missionário continua sendo confortável, mas pode valer a pena escorar a pélvis do outro em almofadas para que você possa se ajoelhar, tornando as coisas mais fáceis.

Sentado

Usar uma cadeira para se sentar irá apoiar as costas do parceiro que está com dor, permitindo ao outro que se abaixe sobre aquele que está sentado de maneira confortável.

Ajoelhado

Para um parceiro com dor nas costas pode ser mais confortável ajoelhar-se e se apoiar, inclinando-se para a frente numa pilha de almofadas, permitindo ao parceiro penetrar por trás.

Deitado de lado

Deitar-se de lado pode ser útil por permitir uma boa inclinação dos quadris, o que ajudará a coluna a ficar na posição certa.

O principal é que você desfrute desse aspecto de sua vida. Conversar sobre isso com franqueza com seu parceiro ou parceira é o recomendável e pode ser preciso algum planejamento. Isso pode até mesmo melhorar a relação como um todo. Algumas pessoas podem até descobrir que aquela dor nas costas, paradoxalmente, pode melhorar a vida sexual de ambos os parceiros pela simples razão de que estão conversando sobre os problemas.

CAPÍTULO 7

Encare Suas Costas de Maneira Positiva

Acredito que uma atitude mental positiva é uma das melhores coisas que você pode ter. Isso vale para todas as condições médicas, mas especialmente para os problemas crônicos. Realmente, é muito fácil entrar em depressão e imaginar que suas costas nunca vão melhorar. Pior ainda, você pode mergulhar em um estado à espera de as coisas piorarem. Acredite em mim, isso não vai ajudar e pode se tornar uma profecia auto-realizável. Por outro lado, as dicas a seguir podem ajudá-lo a estabelecer um padrão positivo na mente de modo a lidar com seu problema nas costas.

39. SEJA OTIMISTA

Se você for um pessimista, é muito provável que fique deprimido, ansioso, experimente mais dor e até mesmo tenha um risco maior de problemas no coração. Também é mais provável que pegue resfriados e outras infecções respiratórias.

Acredita-se que isso é, em parte, devido a um mecanismo psiconeuroimunológico (PNI).

O termo psiconeuroimunológico foi cunhado, pela primeira vez, por Robert Adler e Nicholas Cohen, na Universidade de Rochester, em 1975, sendo que, na época, uma ampla pesquisa já tinha sido feita. O termo se refere à crescente percepção de que a mente (psique), o sistema nervoso (neuro) e sistema imunológico estão todos interconectados. Assim, o estresse pode afetar o sistema nervoso e por consequência o sistema imunológico. Um grande estresse pode provocar tensão no corpo inteiro, de modo que o sistema imunológico trabalhe abaixo da média, deixando o corpo vulnerável a uma infecção.

Todos operamos com graus variados de imunidade, e você pode ter mecanismos positivos e negativos de PNI. Observa-se um mecanismo positivo em pessoas que conseguem retardar uma doença, mas que podem, em seguida, entrar em colapso com algo no primeiro dia das férias. Um mecanismo negativo pode ser observado quando um episódio de estresse é seguido por uma enfermidade, resultando em faltas no trabalho por doença.

Pessimistas têm mais probabilidade de operar os mecanismos negativos de PNI e otimistas, os positivos.

Informe-se sobre a logoterapia

Viktor Frankl foi o fundador de um sistema de psiquiatria conhecido como "logoterapia". Às vezes esse sistema é referido como a "Terceira Escola Vienense de Psiquiatria". A linha de psicanálise de Sigmund Freud foi a primeira, e a psicologia individual de Alfred Adler a segunda. Frankl desenvolveu sua teoria durante estadas em três campos de concentração da Segunda Guerra Mundial, inclusive em Auschwitz.

Em sua filosofia de logoterapia, Frank estabeleceu três crenças básicas. Primeiro que a vida tem significado sob todas as circunstâncias, mesmo as mais miseráveis. Em segundo lugar, a principal motivação é a vontade de encontrar sentido na vida. E em terceiro, de que temos liberdade para encontrar significado naquilo que fazemos e no que experimentamos.

A essência de tudo isso é que temos uma escolha a respeito de como encaramos as coisas. Deve-se trabalhar contra uma tendência a ser pessimista e tentar ser um otimista. Para começar, você tem de ponderar sobre o "solilóquio", ou "monólogo interior". Esse é o nome que damos ao fluxo interminável de pensamentos que correm pela cabeça de uma pessoa todo dia. Pessimistas, que podem ser mais propensos à depressão, tendem a apresentar um monte de pensamentos negativos automáticos. Deixe-me lhe dar quatro exemplos de pensamentos negativos:

- **Filtragem** — Isso acontece quando o indivíduo filtra tudo o que é positivo e enxerga apenas o negativo. Por exemplo, apesar de um dia muito satisfatório no trabalho, a pessoa vai se concentrar no único erro que pode ter feito.

- **Personalização** — Sempre que algo dá errado, o indivíduo presume que é por sua culpa.
- **Catastrofismo** — A pessoa extrapola todas as situações para o pior cenário, encontrando uma razão para não fazer algo para evitar um suposto risco de humilhação.
- **Polarização** — É quando se encara tudo como um de dois pólos — bom ou ruim, branco ou preto —, com nada entre os extremos.

Para pensar de maneira positiva, você tem de monitorar sua conversa interior e tentar alterar a negatividade. Por exemplo, em vez de pensar "Não consigo fazer isso porque nunca fiz antes", tente pensar "É uma oportunidade de aprender". Ou, em vez de "Não tem jeito de isso funcionar para mim", experimente "Deixe-me tentar fazer esse trabalho".

Com dor nas costas, é muito importante ser positivo, ser um otimista. Vamos voltar ao item 15 — Descubra o conceito do ciclo vital, no Capítulo 3. Se você se permitir ficar pessimista, entrará em um estado mental particular que vai afetar suas emoções e tender a ficar ansioso e deprimido. E isso, por sua vez, fará com que se incline a adotar padrões particulares de comportamento. Por exemplo, se antecipar que vai sentir dor e tomar mais analgésicos, sem contar que pode acabar fazendo uso de remédios quando não precisa. Já um otimista pode acreditar que a dor sumirá se por acaso se ocupar de alguma outra coisa, ou seja, ele adota outro padrão de comportamento e se distrai, tornando as coisas mais fáceis.

40. SEJA INDEPENDENTE

Se você continuar a levar o ciclo vital em consideração, vai entender qual o meu objetivo com esse livro. É muito fácil permitir que outras pessoas assumam várias tarefas que o pouparão de se colocar em risco e desenvolver a dor. Isso pode ser gentil, mas nem sempre faz bem a quem sofre de dor nas costas. Na verdade, pode travar a pessoa no ciclo vital e prendê-la a um padrão de comportamento de dor contínua. E esse é muitas vezes o caso de alguém que se enxerga como um "sofredor" de dor nas costas, em vez de alguém que controla ativamente o seu problema.

Deixe-me dar um exemplo para explicar o que quero dizer. Suponha que a pessoa com dor nas costas não tem mais de fazer compras, ou cuidar do jardim porque seu parceiro ou parceira faz isso por ela. O "sofredor" de dor nas costas está sendo recompensado por ter a dor. Não há nenhum incentivo para que faça o parceiro parar de assumir as tarefas por ele.

Isso não é ideal e é algo que você não deveria permitir que acontecesse. É melhor permanecer o mais independente possível. Porém, não significa que deve recusar todos as ofertas de ajuda, mas deveria assumir o hábito de questionar qual é a ajuda necessária. Óbvio que, se seu problema for tão sério que você não pode erguer nada, você precisa de ajuda de fato. E se seu médico o aconselhou a não fazer alguma coisa é melhor ouvi-lo. Mas, se as coisas não estão bem definidas, pondere: será que posso executar essa tarefa? Isto é, em vez assumir tudo, será que poderia fazê-la com certo grau de ajuda?

Esse é, na verdade, um modo mais saudável de você e seu parceiro ou parceira ou ajudante reagirem, não com restrições abrangentes, mas discutindo para que você fique o mais independente quanto possível. É tudo uma questão de ser otimista e esperar que tenha condições de administrar o problema, em vez de se afundar em um estado mental com a sina de "sofredor".

41. NÃO GUARDE MÁGOAS

Emoções negativas podem manter seu sistema em um estado de continuado estresse. Raiva duradoura, culpa, ódio e ciúme podem ser considerados como potenciais venenos internos que podem devorá-lo por dentro e deixá-lo doente. Se seu problema nas costas é o resultado de um acidente ou se você o encara como sendo culpa de alguém, precisa ter cuidado para não deixar uma ou mais dessas emoções negativas se apossarem de você. Há um perigo potencial em se guardar rancor, porque pode manter um problema crônico ardendo em fogo lento.

O problema é que tais emoções não fazem o indivíduo se sentir melhor e é muito mais provável que prejudique ele próprio do que a quem são dirigidas.

E, como o pessimismo pode ter um efeito psiconeuroimunológico (PNI) negativo, assim como todas as emoções negativas, as mágoas em especial. Um número desproporcional de pessoas que têm dor crônica por causa de um acidente ou trauma guarda mágoas.

As pessoas tendem a justificar as mágoas. Infelizmente, o próprio ato de justificar uma emoção negativa irá reforçá-la ou, em certo sentido, deixará que se inflame. E "inflamação" não é uma palavra ruim para descrever uma mágoa, porque ela pode ter o mesmo efeito que uma ferida infeccionada que tenha supurado.

A melhor coisa a fazer é deixar a mágoa de lado. Com isso você pode seguir em frente. Experimente o seguinte:

- Anote seus pensamentos sobre a razão pela qual você se sente aborrecido. Isso ajuda a ganhar uma perspectiva de seus sentimentos.
- Identifique os benefícios da mágoa. Provavelmente você verá que os benefícios sao poucos.
- Esqueça os certos e os errados, se você deseja se libertar e não ganhar uma discussão que a outra pessoa pode nem mesmo perceber que está travando. Não continue a ver, rever e remoer a questão porque isso apenas a perpetua e a mantém em sua mente.
- Não espere por um pedido de desculpas, já que isso pode não acontecer. Não existe nenhum sentido em estabelecer condições. Seria o mesmo que tentar se justificar por guardar mágoa. Este é o caso se você tiver algum tipo de litígio correndo contra uma empresa. Não pense que conseguirá se vingar ou fazê-los

sofrer. A verdade é que uma organização não é o mesmo que uma pessoa. A empresa não vai ficar deitada na cama, morta de preocupação.
- Perceba que "deixar para lá" pode levar algum tempo, mas que, no final, vai valer a pena.
- Desabafe com um amigo ou um profissional. É provável que seja melhor do que apenas desabafar com seu parceiro, parceira ou um parente próximo. Ter uma conversa com alguém que tenha uma perspectiva neutra pode ajudar. Um parceiro, parceira ou ainda um parente próximo pode ser muito íntimo, ou estar muito preocupado para ser imparcial sobre uma situação ou um sentimento. Isso pode ter o efeito de reforçar a mágoa.
- Quando estiver preparado, tente perdoar. Só então você será capaz de esquecer.

42. MEDITE

A meditação é uma técnica usada há milênios. Em sua essência, resume-se a um método de treinamento da mente. Existem vários métodos muito diferentes, como meditação transcendental, visualização guiada e meditação com mantra. A forma mais comum usada no Ocidente é a meditação de atenção plena.

Existem mais de uma centena de estudos publicados sobre meditação, contudo apenas recentemente se tornou assunto de estudo clínico. A medicação de atenção é usada por muitos psicólogos e parece ser útil no controle da dor em geral.

Em 2008, a revista *Pain* (publicação médica da Associação Internacional de Estudos sobre a Dor) publicou um estudo feito em Pittsburgh, nos Estados Unidos, sobre a meditação plena para controlar a dor crônica da região lombar. Um pequeno grupo de cidadãos com mais de 65 anos foi aleatoriamente distribuído em um programa de oito semanas de meditação de atenção plena ou em um grupo de controle. O primeiro grupo aprendeu a meditar e assim continuou durante quatro dias na semana, por mais ou menos meia hora de cada vez. Depois de um período de oito semanas e por seis meses depois (a duração do teste), os participantes reduziram de maneira significativa seus níveis de dor.

Sendo assim, o que é a meditação de atenção plena? É muito simples se colocar em um estado em que se induz calma à mente, um estado no qual se observa apenas os pensamentos e sentimentos, tanto as emoções como as sensações físicas, sem tentar acompanhá-las ou suprimi-las.

Não é preciso se sentar de pernas cruzadas, olhando para o umbigo, mas sim numa cadeira. Se fizer essa meditação por meia hora por dia, quatro dias por semana, o mero processo de se submeter à meditação pode reduzir bastante qualquer grau de desconforto nas costas. É capaz também de reduzir os níveis de estresse e talvez até a rigidez e o desconforto muscular nas costas ou qualquer outro lugar.

Meditação básica

A primeira coisa a faze é apenas se sentar imóvel numa cadeira cômoda de espaldar alto em um aposento tranquilo. Vista roupas confortáveis e faça um esforço para adotar um ânimo relaxado. Dê a si mesmo uns cinco minutos. Se desejar, pode pôr para tocar uma música suave de fundo. Acostume-se a ficar sentado confortavelmente (com uma boa postura, é claro) e esvazie a mente de pensamentos.

Se achar que isso é uma tarefa impossível, pois sua mente corre de um lado para outro planejando, resolvendo problemas ou saindo pela tangente, experimente acrescentar uma distração. A coisa mais simples é uma vela ou uma imagem agradável.

Não faça juízo crítico de qualquer dos pensamentos, mas tente observá-los e depois deixá-los ir embora. Experimente não se concentrar muito.

Em seguida deixe que a mente tome consciência de como seu corpo se sente. Mas tente eliminar palavras críticas ou descritivas. Não pense em termos de dor horrível, ou sofrimento terrível. Pense apenas no desconforto. Não se concentre em um sentimento por mais de uns dois minutos. Deixe sua mente se concentrar em outra parte do corpo, a cabeça talvez, ou os joelhos, ou os pés. Conceda dois minutos para cada região (e isso pode ser feita de maneira aleatória). Por fim, com diversas sessões, suas costas irão "aprender" que só está conseguindo uns dois minutos de atenção e que não é mais importante que os joelhos ou os pés, ou o abdômen.

Você pode até mesmo achar que está mergulhando no sono. Se for assim, ótimo, porque terá induzido um relaxamento pleno, que é o seu objetivo.

A repetição da meditação modula sua mente e tem um efeito benéfico em reduzir o grau de dor.

CAPÍTULO 8

Terapias Complementares do Tipo "Faça Você Mesmo"

A medicina complementar e alternativa, a que chamaremos de MAC, cobre um amplo leque de terapias diferentes, que geralmente não são consideradas como parte da medicina convencional. No Reino Unido, qualquer pessoa mesmo sem qualificação pode praticar certas terapias complementares. Esta situação está mudando aos poucos, uma vez que a maioria das terapias caminha para a regulamentação e órgãos do governo estão tentando melhorar os padrões. No Brasil, já em 2006, o Ministério da Saúde integrou as terapias complementares, como acupuntura, homeopatia, a medicina fitoterápica e alguns tipos de manipulação ao Serviço Nacional de Saúde, sendo a procura cada vez maior.

Além dessas terapias mencionadas, a MAC inclui a reflexologia, a quiropraxia, a osteopatia e a medicina fitoterápica. Existem muitas outras, mas eu me concentrei nessas já que acredito que podem ser úteis para pessoas com problemas nas costas. Se você resolver procurar tratamento com um terapeuta profissional de uma dessas disciplinas, será sensato perguntar a ele sobre a qualificação e o treinamento pelo qual passou.

Muitos médicos ortodoxos, incluindo eu mesmo, também praticam terapias como a acupuntura e a homeopatia.

43. EXPERIMENTE ACUPUNTURA E ACUPRESSÃO

A acupuntura, que usa agulhas para tratar o paciente, é praticada na China há milênios. Na abordagem tradicional, acredita-se que a energia flui ao longo de uma série de 12 meridianos emparelhados, ou caminhos, e de dois meridianos especiais a mais. O desequilíbrio desse fluxo de energia pode ser retificado pela inserção de agulhas nos pontos indicados. Em contraste, a acupuntura médica oriental é baseada em conceitos fisiológicos que são aceitos na ciência ocidental.

A nomenclatura e o número de pontos usados são comuns a ambos os sistemas.

Você não pode aplicar acupuntura em si mesmo, é claro, mas a acupressão, usando a pressão do dedo nos pontos de acupuntura, pode ser bastante benéfica. Você usa a pressão da ponta dos dedos indicadores sobre os pontos e pressiona de uma maneira suave no sentido horário por meio minuto a três minutos de cada vez de cada lado. Faça isso três vezes por dia até sentir que o distúrbio se abrandou. Não vai fazer mal nenhum. E é mesmo muito simples, muito mais simples do que muitos livros o fariam acreditar.

Descobri que os seguintes cinco pontos são muito úteis para o autotratamento de acupressão para as pessoas com dor nas costas.

- **Vesícula biliar 20 (GB20, na sigla em inglês)** — Você irá localizá-lo com facilidade, numa pequena depressão na base do crânio, cerca de uns 2 centímetros e meio a partir da linha mediana de cada lado da nuca. A pressão nesse ponto ajuda na dor de cabeça, dor no pescoço e dor na parte superior das costas.
- **Vesícula biliar 21 (GB21, na sigla em inglês)** — Este é outro ponto fácil de encontrar, na parte média do músculo trapézio. O trapézio é um músculo grande que se estende da base do crânio para baixo das costas até o meio da coluna torácica, e que se espalha para fora até a escápula ou espádua do ombro. Há um de cada lado e juntos eles parecem um grande e sólido trapezóide, daí o nome. Se você puser a mão em seu ombro oposto, a ponta do dedo médio ficará bem sobre seu trapézio. A pressão nesse ponto ajuda na dor no ombro, dor no pescoço e dor na parte superior das costas.
- **Intestino grosso 4 ou cólon 4 (LI 4 ou Co4, na sigla em inglês)** — Na rede entre o polegar e o primeiro dedo (o indicador). Este é um ponto de muitos usos, mas é útil se a dor for severa.
- **Estômago 36 (St36, na sigla em inglês)** — No sulco entre a tíbia e a fíbula. A pressão nesse ponto

ajuda na dor ciática ou nas costas que se irradia para baixo, pelas pernas. Para encontrá-lo, tateie logo abaixo do joelho, cerca de 2 centímetros e meio para fora da linha média, e você sentirá um sulco marcado entre os dois ossos da panturrilha.

- **Bexiga 54 (B54)** — Este fica na prega atrás do joelho. Para estimulá-lo, deite-se de costas e dobre seus joelhos com os pés plantados no chão ou na cama. Seus dedos vão encontrá-lo no meio da prega atrás do joelho. A pressão nesse ponto ajuda a aliviar a dor nas costas muito aguda.

44. USE A REFLEXOLOGIA

Reflexologia é a terapia que envolve um tipo específico de massagem e manipulação de várias regiões reflexas nas mãos e nos pés e parece ter bons resultados com a dor nas costas para muitas pessoas. Pode ser autoadministrada para se obter alívio quando os músculos das costas estão doloridos e rígidos, e você sentir que precisam de um pouco de ajuda para relaxar.

As regiões associadas às costas são muito fáceis de serem encontradas e estimuladas. Na mão, refere-se à borda externa a partir do pulso e ao longo do verso do polegar até a unha. O meio de estimular esse ponto é usar a ponta do polegar. Pressione do lado da mão e faça-o "andar", empurrando-o para a frente e para baixo, dobrando a junta, e depois avance, endireitando-o para fora e, em seguida pressione, dobre e depois endireite — como se fosse uma lagarta. Suba pela borda desse jeito várias vezes, em cada mão.

Nos pés, a região das costas é associada com o arco interno. O método mais fácil para estimular esse ponto é se sentar e tirar os sapatos e as meias. Pegue um cilindro, talvez uma lata de ervilha ou um velho pino de boliche, e coloque-o no chão. Agora, role o pé para a frente e para trás estimulando o arco interno. Se der certo você perceberá que a dor será aliviada com o exercício.

Se achar que isso ajuda, pode valer a pena marcar uma consulta com um reflexologista profissional.

45. EXPERIMENTE REMÉDIOS FITOTERÁPICOS

Os remédios fitoterápicos podem ser muito eficientes, mas é melhor procurar a opinião de um fitoterapeuta qualificado antes de experimentá-los por conta própria. Se fizer isso, você também deve informar ao seu médico que está adotando essa prática, já que é importante que ele saiba se você está ou não tomando alguma coisa que possa interagir com sua medicação habitual. Isso é muito importante no caso das ervas chinesas, já que algumas delas podem ser nocivas ao fígado e aos rins.

Também é muito importante conversar com seu médico se você estiver cogitando tomar alguma coisa como a erva-de-são-joão (hipérico), uma vez que ela pode reagir com diversos medicamentos convencionais, inclusive warfarina, ciclosporina, anticoncepcionais orais, anticonvulsivos, digoxina, teofilina ou certos remédios contra o HIV.

Vale a pena levar em consideração as seguintes ervas:

Aloe vera, cujo nome vulgar é babosa, pode ser útil para diminuir a dor, a inflamação e a rigidez, seja tomada como suco ou em cápsula, numa dose de 200 mg por dia.

Boswellia serrata ou Indian frankincense, cujo nome vulgar é olíbano, é usada na medicina *ayurvédica* há muitos séculos. Nos anos de 1970, descobriu-se que tem propriedades anti-inflamatórias que podem ajudar na artrite. Se a artrite for uma causa subjacente de seu problema nas costas, seu uso pode ajudar. Pode ser tomada via oral, numa dose de 200 mg três vezes ao dia.

Chá de urtiga é um remédio tradicional que parece ajudar muita gente. É muito amargo, contudo, mas um pouco de mel pode abrandar esse amargor. Possui efeitos um pouco diuréticos que podem reduzir o ácido úrico e também parece ter efeitos anti-inflamatórios sobre as articulações. Se você puder ingerir duas xícaras desse chá por dia por umas duas semanas, deve notar a diferença.

Garra-do-diabo é uma planta nativa do sul da África. É conhecida por ter propriedades anti-inflamatórias e recomendada por muitos fitoterapeutas para a dor nas costas.

Existem algumas evidências de que funciona mesmo. Um estudo feito na Alemanha avaliou sua eficácia em tratar a tensão e dor de leve a moderada nos músculos das costas, do pescoço e dos ombros. Em um longo período de quatro semanas, 31 pessoas tomaram 480 mg de garra-do-diabo duas vezes por dia e 32 pessoas tomaram um placebo. Os resultados mostraram que houve uma redução significativa na dor nas pessoas que tomaram o remédio fitoterápico.

Outro estudo publicado na revista *Rheumatology* comparou um extrato de garra-do-diabo com um comprimido de anti-inflamatório padrão, chamado Vioxx. Por acaso, este medicamento não está mais disponível no mercado. O estudo durou seis semanas e 79 pacientes foram incluídos no teste com dores agudas na coluna lombar. A garra-do-diabo foi tão efetiva como o remédio anti-inflamatório.

O ideal seria que a garra-do-diabo fosse prescrita por um fitoterapeuta e você conversasse com seu médico antes de tomá-la. Não deveria ser tomada por alguém com um histórico de úlcera no estômago, ou que esteja tomando aspirina. Deve também ser evitado se você tiver um histórico de pedra na vesícula ou diabetes, já que pode ter um efeito nos níveis de açúcar no sangue.

Quercetina é um antioxidante extremamente efetivo, encontrado na maçã, na cebola e no chá. Pode ser a razão do velho ditado "uma maçã por dia mantém o médico longe", já que parece ter uma ação bastante eficaz. Também parece ter efeitos anti-inflamatórios. O jeito mais simples de tomá-la é na forma de uma maçã. Minha sugestão é que, se você sofre de um problema crônico nas costas, coma uma maçã todo dia.

46. BENEFICIE-SE DE REMÉDIOS HOMEOPÁTICOS

A homeopatia é uma forma branda de medicina baseada no "princípio do semelhante". A palavra foi cunhada pelo dr. Samuel Hahnemann (1755-1843) das palavras gregas *homoios*, que quer dizer "semelhante" ou "similar", e *pathos*, que significa "sofrimento". Em essência, isso quer dizer que é um método terapêutico que usa preparados de substâncias cujos efeitos, quando administradas em indivíduos saudáveis, correspondem às manifestações do distúrbio (os sintomas, sinais clínicos e condições patológicas) no paciente. A teoria é de que, ao usar uma quantidade infinitesimal de um agente que produz um efeito similar ao de uma enfermidade, isso vá estimular os mecanismos auto-regulatórios do corpo a dominar a enfermidade ou sintoma. É um sistema praticado pelo mundo. A maioria dos remédios, que existem em número maior que 4.000, são chamados por seus nomes latinos.

Críticos da homeopatia têm dificuldade para compreender os estados de diluição dos remédios usados, acreditando que essa diluição é a característica determinante do método. Não é. A característica determinante é o princípio do semelhante, como explicado acima. A experiência individual da condição é de suma importância, e o tratamento indicado é o remédio que se aproxima mais do perfil da experiência do paciente com sua enfermidade.

Entretanto, dez pessoas podem reclamar de dor nas costas e a experiência de cada um será única. Todas elas podem muito bem precisar de um remédio diferente, que é elaborado sob medida para seu padrão de sintoma. Esta é a grande dificuldade para se fazer pesquisa nessa disciplina, já que não existe nenhuma coisa assim como um analgésico homeopático ou um comprimido anti-inflamatório homeopático. O remédio trata a pessoa, não um sintoma ou uma condição específica.

Para obter o máximo desse método é provável que seja preciso também consultar um homeopata qualificado. Durante a consulta, o homeopata repassará todos os seus sintomas, concentrando-se em como sua dor é única para você. Deve ser dada atenção à qualidade da dor — seja uma dor surda e contínua ou uma dor de pontadas, agulhadas, de queimação, cortante ou irritante, seja uma que arde ou dê sensação de friagem. De forma semelhante, as coisas que podem fazer a dor ou rigidez melhorar ou piorar serão anotadas, pois todas exercem uma influência na escolha do remédio que lhe será dado.

Então, mais uma vez, se sentir que seu padrão de sintomas combina com um dos seguintes remédios, quem sabe há uma chance de começar a aliviar seu distúrbio experimentando-os. Tais remédios encontram-se disponíveis na maioria das farmácias de manipulação, drogarias e nas boticas homeopáticas especializadas.

Enfatizo que na homeopatia é o padrão dos sintomas e o jeito como você se sente que é mais importante do que o nome do distúrbio.

Arnica

Este remédio é chamado de "o socorrista", porque é usado com frequência em ferimentos contundentes. Ajuda a sarar mais depressa que o normal e é indicado quando a dor nas costas é severa e contínua, especialmente se começou depois de um trauma. A arnica pode ajudar aqueles que acham que estão com o colchão muito duro e acordam doloridos.

Rhus tox

Para dores acompanhadas de queimação e rigidez, melhora a movimentação, com aplicação de calor (pacote de trigo, bolsa de água quente etc.) e para friccionar. A Rhus tox é útil para dores que pioram com o frio e com o tempo úmido.

Bryonia

É quase o oposto da Rhus tox. A Bryonia é indicada quando a dor nas costas parece piorar com o movimento e o andar de um lugar para outro. Por exemplo, caminhar, inclinar-se ou dirigir um carro pode provocar muita dor. As costas podem ficar vermelhas, quentes e inchadas. A sensação será de que estão inflamadas. A pressão parece ser útil, em especial com a ajuda de compressas frias e bolsas de gelo.

Symphytum

Este é preparado do confrei, que tem o antigo nome regional de "costura-osso". É um remédio útil depois de um trauma, bem parecido com a arnica. O symphytum é bom para ferimentos mais profundos, como um osso ou vértebra trincada. É útil para a dor nas costas que persiste por um longo tempo depois de um trauma nas costas.

Kalmia

Este remédio é útil para dores dilacerantes ou acompanhadas de pontadas, do tipo que parece andar, nunca estando exatamente no mesmo lugar, pode também parecer subir e descer pelas costas. O movimento agrava as dores.

Ledum

Este remédio parece adequado para pessoas que sofrem de calafrios e que, paradoxalmente, descobrem o alívio com aplicações frias. Diferente da Kalmia, o Ledum é sugerido para dores que caminham para cima. Ele também é muito bom para problemas nos pés e nos tornozelos. Inchaços das articulações parecem lívidos, diferentemente da imagem que se obtém da Bryonia.

Rhododendron

Para dores nas costas que pioram com o frio, tempo úmido e tempestades em especial. A pessoa pode ter pânico de temporais. Muitas vezes provoca dores nos ombros.

Ruta

Para tensões repentinas nas costas. Parece funcionar bem se o indivíduo sofre uma torção repentina nas costas ou distende um ligamento.

Potência

Existem diferentes potências disponíveis de remédios que atrapalham na hora da escolha. A escala de potência mais comum é a centesimal (*c*), que significa que cada potência na escala é preparada de uma diluição de 1 para 100 da potência precedente. O início exato é de uma "tintura-mãe". Cada diluição é acompanhada de uma agitação intensa para produzir a potência seguinte. Por exemplo, 6c é uma potência que passou por seis preparações sucessivas de potência, cada uma delas diluída de 1 para 100 e vigorosamente agitada.

Em geral, use uma potência baixa como um 6c e tome um glóbulo duas vezes ao dia até que o problema se resolva.

47. FAÇA HIDROTERAPIA EM CASA

Os médicos pioneiros da Índia, Grécia e Roma constataram o potencial curativo do banho. Banhos públicos e particulares eram considerados uma parte essencial da civilização. Era também percebido que não apenas a água tinha importância, mas também o modo como era usada e as coisas que eram acrescentadas.

Nos séculos XVIII e XIX, as pessoas acorriam aos *spas* da Europa para banhar-se nas águas curativas dos grandes centros metropolitanos. Hotéis e clínicas de naturopatia e hidropatia atraíam clientela do mundo inteiro. Com o rápido desenvolvimento da medicina ortodoxa no século XX, a hidroterapia começou a declinar em popularidade e foi aos poucos tirada do leque terapêutico dos médicos modernos. No entanto, o uso da hidroterapia está retornando aos poucos.

Os efeitos medicinais da água e do banho

Há três maneiras pelas quais a hidroterapia exerce uma ação benéfica e medicinal sobre o corpo.

A ação da temperatura na pele

Se a temperatura na superfície da pele estiver elevada, mais sangue é desviado para o local para ajudar o corpo a perder calor. Assim, a pele se torna afogueada e vermelha, e a transpiração se fará seguir para ajudar a esfriá-la. Em consequência, a circulação nos tecidos mais profundos é reduzida ligeiramente. Isso pode ser útil se houver uma inflamação profunda, porque desviar o sangue para a superfície da pele pode reduzir a circulação para o tecido profundo inflamado.

Por outro lado, aplicar frio na superfície da pele terá um efeito entorpecente e reduzirá o sangue da superfície da pele. A pele empalidecerá e esfriará e a transpiração será inibida, o que irá provocar uma tendência a aumentar o fluxo de sangue para os tecidos mais profundos.

O efeito mecânico da água e da fricção

O princípio de Arquimedes estabelece que um corpo desloque seu próprio peso na água quando imerso.

Em razão de o corpo humano não ser tão pesado na água, é mais fácil de se mover. Por conseguinte, o exercício na água é excelente quando há restrição do movimento por parte do corpo.

A contrairritação pode ser feita com borrifos e jatos, como aqueles das banheiras de hidromassagem, ajudando a estimular os nervos da pele, auxiliando a superar alguns dos impulsos de dor emitidos a partir dos tecidos mais profundos. Friccionar o corpo enquanto na água terá o mesmo efeito, além de ajudar os músculos a relaxar.

O efeito de substâncias adicionadas ao banho

Vamos tratar do uso de óleos ou sais para tornar um banho "medicinal". Com algumas substâncias adicionadas à água, é possível conseguir um efeito contrairritante que será útil. Pode ainda haver um efeito benéfico pela ligeira absorção de substâncias através da pele.

Um banho medicinal é um meio de usar óleos da aromaterapia. Embora não haja uma grande quantidade de evidências para mostrar o quanto é, de fato, absorvido pela pele, certos óleos parecem mesmo ter um efeito relaxante e possivelmente até mesmo anti-inflamatório sobre os músculos.

Usar o banho para ajudar as costas

Um banho de imersão tépido (mais ou menos numa temperatura de 38 °C a 42 °C) é o mais usado, por ter uma temperatura quente, mas agradável. Não tome banho mais quente do que isso. Não causará um efeito melhor.

Você não deve ficar no banho por mais de 15 minutos. Na verdade, ficar sentado numa banheira com a água esfriando pode desfazer os benefícios do um banho quente.

Banhos medicinais

Há dois tipos de banho medicinal que você pode achar útil: um banho de aromaterapia e um banho de sais de Epsom.

Banhos de aromaterapia

Encha a banheira até que possa se sentar e apoiar as costas com conforto. Acrescente de seis a oito gotas do óleo essencial de sua preferência, entre e fique em imersão por até 15 minutos. Beba um pouco de água fria e saia.

Experimente os seguintes óleos:

- **Arnica ou sálvia** — muito bom para relaxar uma sensação de contusão nas costas.
- **Madeira de cedro, camomila e lavanda** — bom para aliviar a dor da osteoartrite.
- **Zimbro** — bom para artrite reumatóide.

Banho de sais de Epsom

Estes famosos sais são feitos de sulfato de magnésio hidratado e têm o nome da cidade *spa* de Epsom, na Inglaterra, com sua antiga fonte de sal curativo. São muito efetivos para aliviar dores e desconfortos. Não devem ter uso contínuo, já que provocam uma transpiração acentuada depois, levando-o a perder líquido do corpo. Se você estiver sob medicação ou for hipertenso, ou tiver doença do coração ou do rim, verifique com seu médico se você pode usá-los.

Para fazer um banho de sais de Epsom, pegue 250 a 500 g de sais de sulfato de magnésio hidratado (disponíveis em algumas farmácias de manipulação) e misture com um pouco de óleo de amêndoa doce ou outro óleo de base numa bacia ao lado da banheira para obter uma pasta arenosa e úmida muito agradável.

Encha a banheira com água de morna a tépida, numa temperatura confortável para você. Entre na banheira e, pegando um punhado da mistura, esfregue em seu corpo, particularmente nas costas, o mais longe que você puder alcançar. Não passe no pescoço ou no rosto, e evite as regiões íntimas.

Ponha o resto da mistura na banheira e agite-a com as mãos, e depois se sente e enxágue o sal suavemente do corpo. Depois deite-se e, aos poucos, acrescente mais água quente, até ficar em uma temperatura agradável. Não deixe ficar muito quente. Permaneça no banho por até mais dez minutos e depois saia.

Entre no chuveiro e tome uma ducha de água mais fria. Tome cuidado para não sair muito depressa, a fim de não ficar um pouco atordoado. Beba um copo de água e prepare-se para ir para a cama. É melhor não fazer nenhum esforço físico depois de um banho com sais de Epsom, portanto faça o que tiver de fazer antes da hora de se deitar.

Vista um pijama ou camisola e prepare-se para transpirar. Só isso já dará uma sensação boa. É discutível que seja ou não devido à expulsão das toxinas, mas eu creio que isso não importa. O que importa é o relaxamento, aliviar os músculos cansados e rígidos e ajudar suas costas.

Banhos de assento

Os antigos gregos recomendavam banhos de assento, que são banhos dos quadris, mas com os pés em um recipiente separado contendo água numa temperatura diferente.

Para tomar um banho de assento é preciso uma bacia grande, que possa ser encaixada na ponta ou ao lado de sua banheira. Encha a banheira com água a uma temperatura de morna a tépida, o que for mais confortável para você. Depois encha a bacia com água fria. Entre na banheira, sente-se com a água pela cintura e, uma vez acomodado, ponha os pés na bacia de água fria aos pés ou ao lado da banheira. Fique assim por dez a 15 minutos e, depois, tire os pés da bacia, afaste-a e saia do banho.

Em geral isso é muito bom para aliviar a dor nas costas. Se achar que ajuda, tome um quando achar necessário, ou o adote uma rotina de umas duas vezes por semana.

Você pode, é claro, incrementar a água quente com um óleo essencial de sua escolha.

Banhos de chuveiro

São excelentes para dor nas costas e têm a vantagem de serem tomados de pé debaixo de um fluxo dirigido de água quente. Ajuste a força do jato se o chuveiro permitir. Quanto mais forte o jato melhor será o efeito de contrairritação, podendo proporcionar um alívio maior. Banhos de chuveiro não podem ser acrescidos de produtos medicinais.

48. USE A GRAVIDADE PARA AJUDAR SUAS COSTAS

É claro que a gravidade faz parte do problema das costas, já que a tendência é puxar-nos para baixo. O próprio ato de ficar de pé exerce uma tensão nas costas. Esse efeito sanfona pode fazer pressão nas articulações, ligamentos e nervos, todos com a possibilidade de estar envolvidos na dor nas costas. A boa nova é que você pode usar a gravidade em seu favor, deixando seu próprio peso exercer um pouco de tração para desobstruir as articulações e descomprimir as costas. Isso pode ser feito apenas por breves minutos, porém alegrará seu dia e mostrará que a dor nas costas sempre pode ser aliviada se você souber como fazer isso de um modo eficiente.

Erga seu peso numa barra de suspensão

Este é um movimento muito fácil para um primeiro socorro, desde que você seja forte o suficiente para conseguir se erguer numa barra de suspensão ou aquelas que podem ser encaixadas no batente de uma porta. Certifique-se de estar dentro do peso máximo sugerido pelo fabricante e que a barra esteja encaixada de forma segura.

Tudo que você tem de fazer é estender as mãos para o alto e conseguir segurar direito na barra, depois dobrar os joelhos e esticar os braços até ficar pendurado. Não faça nada de repente, mas quando estiver pronto tire os pés do chão e fique suspenso pelos braços, com as mãos agarradas à barra.

Fique nessa posição pelo tempo que for confortável. Isso pode significar apenas alguns segundos, mas o suficiente para ajudá-lo com seu problema.

O que está fazendo aqui é permitir que a força da gravidade o puxe para baixo, de modo que suas costas tenderão a se soltar, tal como uma lanterna chinesa quando dependurada. O exercício é muito relaxante, mesmo que apenas por um curto espaço de tempo.

Mesa de inversão

Embora possa ser cara, a mesa de inversão é uma opção eficiente. Trata-se de algo que é exatamente o que o nome diz, uma mesa onde se pode pendurar-se de cabeça para baixo. É preciso amarrar, ou firmar, os pés em uma extremidade e deitar-se. Há uma moldura, ou motor, que você pode manejar e que irá inverter sua posição suavemente. Você não tem de ficar completamente de cabeça para baixo; pode controlar o ângulo que quiser.

A mesa pode ser encontrada em lojas de artigos esportivos. Consulte a internet para encontrar uma loja perto de você.

Mais uma vez, o princípio é usar a gravidade para exercer tração, desta vez apoiando-se nos pés em vez de nos braços. O benefício do exercício é que você pode ficar nessa posição por mais tempo.

Um estudo realizado por uma equipe da Universidade de Newcastle, na Inglaterra, descobriu que 70% das pessoas na fila da cirurgia nas costas poderiam dispensar o procedimento proposto se usassem uma mesa de inversão por um tempo.

49. APLIQUE UM ÍMÃ OU EXPERIMENTE USAR UMA PULSEIRA DE COBRE

Os antigos tinham ciência de que um ímã, um pedaço de magnetita mineral de ocorrência natural podia atrair pedaços de ferro. Não só isso, mas, se fosse suspenso por um fio, apontaria misteriosamente para o norte. Isso foi um benefício incrível para a navegação.

Era inevitável que uma pedra tão mágica assim, uma dádiva de Deus, fosse altamente valorizada. Xamãs e padres usavam-na como pedra curativa e atraíam (sem pretender fazer um trocadilho) grande credibilidade diante de seu sucesso. Dizia-se que todos os tipos de enfermidade eram suscetíveis ao ímã, desde a dor de dentes até picadas de cobra, de dor nas costas a problemas reumáticos. Desde então, os ímãs nunca mais se distanciaram das práticas da medicina e tiveram a popularidade renascida entre celebridades e esportistas, que os usam para lidar com todos os tipos de problemas musculoesqueléticos. De acordo com o *Journal of the American Medical Association* (Revista da Associação Médica Americana), as vendas globais de ímãs por razões de saúde chegam ao montante de 5 bilhões de dólares ao ano. Suspeita-se que uma vez que a ressonância magnética por imagem se tornou uma ferramenta diagnóstica tão respeitada e entrou para o linguajar comum, tenha levado o magnetismo para uso médico na esteira da credibilidade.

Apesar do fato de existir pouca evidência positiva de que o magnetismo funciona para a saúde, tenho conhecido muitos pacientes que parecem ter obtido uma melhora derivada do uso de ímãs. Contanto que você não tenha um marca-passo que talvez fosse afetado por um campo magnético, não faz mal nenhum experimentar ímãs para ajudar a aliviar sua dor nas costas.

Como funcionam?

Isso está muito longe de ficar claro. Alguns terapeutas sugerem que os ímãs funcionem aumentando o campo magnético do corpo. Outros afirmam que de alguma forma melhoram o fluxo sanguíneo para a área onde são aplicados. Não vi nenhuma evidência sólida que dê respaldo a nenhuma dessas teorias.

Faixas para as costas

Encontram-se disponíveis para venda por várias empresas de terapias com ímãs e algumas lojas de produtos alternativos para a saúde. Consistem de um cinto com fecho de velcro com ímãs inseridos em bolsos de modo a permitir a sobreposição nas regiões mais doloridas.

Pulseiras magnéticas

São vendidas em lojas de presentes, bijuterias e de esportes. Muitos atletas e aficionados do esporte confiam nessas pulseiras. Não encontrei nenhum teste específico sobre a eficácia das mesmas na dor nas costas, mas em 2004 foi publicado um estudo na *British Medical Journal* (Revista Médica Britânica) sobre o uso das pulseiras em pacientes com artrite nos joelhos e quadris. Os pesquisadores da Peninsula Medical School (Faculdade de Medicina da Península) estudaram 194 pacientes com idades entre 45 e 80 anos, oriundos de cinco consultórios de clínica geral em Devon, Inglaterra, que sofriam de osteoartrite no joelho ou nos quadris. Os pacientes foram divididos em três grupos aleatórios e solicitados a usar uma pulseira magnética de força padrão, uma pulseira magnética fraca ou uma pulseira de imitação, de placebo. O teste durou 12 semanas, durante as quais os participantes foram solicitados a registrar a pontuação numa escala de dor reconhecida.

A conclusão foi de que havia uma redução na dor de artrite do joelho e dos quadris quando as pulseiras magnéticas padrão eram usadas, mas que a força do ímã era importante, precisando ser de 170 tesla (sendo tesla a unidade internacional de medida da densidade do fluxo magnético) ou maior. O estudo descobriu que o grupo da pulseira fraca registrava níveis semelhantes de dor ao do grupo do placebo e os pesquisadores apontaram que estavam incertos se a resposta era devida a efeitos específicos ou não.

Esse teste não é conclusivo, mas há pelo menos alguma evidência da eficácia de usar a pulseira magnética. E, como elas não possuem preços exorbitantes, pode valer a pena experimentar.

Pulseiras de cobre

São também usadas por grande número de pessoas que sentem que ajudam muito. Foi feito um teste, em 1976, em 300 pacientes com dor artrítica, distribuídos aleatoriamente ou em um grupo de placebo, ou um grupo ativo, ou em um grupo de controle. Foi dada ao grupo de placebo uma pulseira que não era de cobre, mas que fora anodizada para parecer de cobre, enquanto o grupo ativo recebeu pulseiras verdadeiras. O grupo de controle não recebeu nenhum tipo de pulseira.

Houve uma diferença significativa na redução da dor relatada por aqueles que usaram as pulseiras de cobre, ao contrário do pessoal do placebo e do grupo de controle. Curiosamente, houve também uma pequena redução de peso nas com pulseira de cobre, enquanto não houve nenhuma mudança nas com pulseira de outro material. Isso implica que a pele pode ter absorvido um pouco de cobre. Não há registro de que isso tenha se refletido no aumento dos níveis de cobre no organismo do indivíduo. Suspeito que qualquer quantidade de cobre absorvido seja desprezível e, com certeza, não suficiente para afetar a saúde.

Diante das evidências, fico inseguro para atestar que as pulseiras de cobre e os ímãs funcionam de fato, mas existe pelo menos uma desconfiança de que podem ajudar. Sendo assim, talvez valha a pena experimentar.

CAPÍTULO 9

Quem Mais Poderia Ajudar?

Há apenas um item neste capítulo, mas é de suma importância por se tratar de outros caminhos a seguir e que podem ser incorporados com o plano de administração da sua dor.

Existe um número razoável de diferentes tipos de terapia a experimentar. Algumas são disponíveis nos serviços públicos de saúde, outras em clínicas particulares. Verifique se seu médico pode fazer alguma indicação e o custo que isso implicaria.

Se tiver uma recomendação ou resolver procurar alguém por conta própria, não se esqueça de procurar saber sobre as qualificações do profissional e que treinamento recebeu. Não se preocupe em pensar que pode ofendê-lo, pois se o terapeuta for membro de uma organização reconhecida, não terá nenhum problema em responder a sua pergunta. Lembre-se, você está pedindo que tratem suas costas, portanto é grande o interesse em saber se as está entregando a alguém qualificado.

50. CONSULTE UM ESPECIALISTA

Como mencionado no item 6 — Consulte seu médico, no Capítulo 1, é provável que seu médico seja um porto seguro a procurar para conseguir um diagnóstico e quem sabe dar continuidade ao tratamento.

Fisioterapia

É provável que seu médico recomende um fisioterapeuta ou uma clínica de fisioterapia. A fisioterapia está incluída no sistema público de saúde, e os fisioterapeutas estão acostumados a tratar de dor nas costas.

A fisioterapia é uma profissão da área da saúde que usa uma variedade de tratamentos físicos para ajudar a pessoa dentro de um amplo âmbito de distúrbios físicos. Esses profissionais usam massagem e manipulação para aliviar a dor e a rigidez nos músculos e para ajudar a circulação em várias partes do corpo. Também usam calor, frio, corrente elétrica, ultrassom, tratamento com luz e hidroterapia. O mais importante, são especialistas no uso do exercício terapêutico, que é geralmente feito sob medida para as necessidades do indivíduo.

Finalmente, podem também prestar assistência ou demonstrar o uso de diversos acessórios para ajudar um indivíduo nas várias tarefas do dia a dia. Se alguém tiver limitação pronunciada de movimento, por exemplo, eles podem aconselhar acessórios para ajudar a pessoa a se vestir, pegar coisas ou até mesmo para auxiliar na mobilidade.

Terapia de massagem corretiva

É provável que seja apenas realizada em um consultório particular. Um terapeuta de massagem corretiva deve ser treinado tanto na massagem superficial como na de tecido profundo. Isso pode ser muito bom para problemas de dor muscular. Os terapeutas de massagem corretiva muitas vezes possuem clínicas para traumas esportivos. É improvável que façam manipulação efetiva das articulações.

Quiropraxia

É mais provável que se encontre essa especialidade em clínicas particulares, embora alguns médicos trabalhem com um profissional de quiropraxia. Se bem que a maioria dos quiropráticos são médicos, essa não é uma competência médica, mas separada e legítima. Os quiropráticos são regulamentados pelo Conselho Geral dos Quiropráticos e desde 1994, na Inglaterra, é ilegal alguém não preparado usar o título de "quiroprático".

A quiropraxia é uma profissão que se especializa no diagnóstico, tratamento e cuidado geral dos distúrbios devidos a problemas nas articulações, ligamentos, tendões e nervos do corpo, particularmente os da coluna. É provável que os quiropráticos peçam para que se faça um raio-X antes de começar o tratamento.

O tratamento consiste de um amplo leque de técnicas de manipulação, projetadas para melhorar a função das articulações, aliviando a dor e o espasmo muscular. Usam com frequência impulsos de alta velocidade, aplicando pressão diretamente sobre as vértebras para empurrá-las de volta ao lugar. Isso muitas vezes produz o som de clique ou de estalo que é associado à manipulação.

Osteopatia

É provável que a osteopatia só seja encontrada em consultórios particulares, mas verifique com seu médico. Como os quiropráticos, os osteopatas são fisioterapeutas com especialização e registrados na Associação Brasileira de Terapias Complementares.

A osteopatia é um sistema de diagnóstico e tratamento para uma gama de distúrbios médicos. Trabalha com a estrutura e a função do corpo e é baseada no princípio de que o bem-estar de um indivíduo depende do esqueleto, dos músculos, dos ligamentos e dos tecidos conectivos em conjunto.

Os osteopatas não usam raios-X com tanta frequência como os quiropráticos e, embora também realizem terapia manipulativa, é mais provável que usem os membros como alavanca.

Não há dúvidas de que existam semelhanças entre a quiropraxia e a osteopatia, contudo ambos conservam sua própria filosofia. O importante é que as duas práticas são reconhecidas e se constituem em especialização da fisioterapia.

Medicina ortopédica

A medicina ortopédica é uma especialidade da medicina que diagnostica e trata condições não cirúrgicas do sistema musculoesquelético com uma variedade de técnicas manipulativas, como agulhamento seco ou acupuntura, infiltração nas articulações, injeção de anestésicos ou esteroides e outros tratamentos de alta tecnologia. Possivelmente os raios-X e vários tipos de exame por imagem sejam utilizados também em clínicas especializadas.

Os especialistas em medicina ortopédica são médicos ou fisioterapeutas. Se usarem o título de "médico ortopedista", são médicos qualificados e cursaram pós-graduação e especialização.

Osteomiologia

Este é o nome usado por inúmeras terapias relacionadas, que tratam problemas de nervo, osso e músculo usando uma gama de técnicas de manipulação e massagem, com frequência aconselhamento sobre nutrição e vida diária. Os profissionais práticos fazem curso de graduação e pós-graduação, e normalmente são membros de associações de classe.

Outras terapias

Existem também outras terapias que podem ajudar no problema de dor nas costas, inclusive a técnica de Bowen, o método Rolfing e o Dorn. Não tenho experiência pessoal com nenhum deles, portanto, se você quiser fazer uma experiência, eu o aconselho a entrar em contato com os respectivos conselhos regulatórios.

Glossário

A matriz humana da dor — uma ampla rede neurológica que se estende pelo sistema nervoso central e do cérebro, envolvido na percepção de todos os tipos de dor.

Acupressão — o uso da pressão do dedo sobre pontos de acupuntura.

Acupuntura — um tratamento feito por profissionais qualificados nesse método ancestral da medicina chinesa, usando agulhas para estimular pontos de acupuntura.

Artrite reumatoide — um tipo muito específico de artrite inflamatória. É caracterizada por mudanças específicas no sangue. Normalmente exige tratamento médico especializado.

Cervical — a região do pescoço.

Ciática — dor que se irradia da parte baixa das costas e desce pela perna, como resultado da pressão nas raízes nervosas do nervo ciático.

Cifose — uma curvatura para trás da coluna. Se for excessiva na região torácica da coluna ou do peito, pode dar uma aparência de corcunda.

Disco — uma estrutura bem semelhante a um pneu de carro que separa duas vértebras da coluna vertebral e atua como um amortecedor de choque.

Dor aguda — dor normal provocada por uma contusão ou inflamação, que é normalmente limitada ao foco, significando que desaparecerá por si só sem tratamento.

Dor crônica — dor persistente que não desaparecerá por conta própria.

Dor recorrente — este é o nome dado à dor aguda em episódios repetidos. É do tipo que você sente com crises repetidas de dor nas costas.

Endorfina — uma substância química analgésica natural fabricada pelo corpo.

Escoliose — uma curva lateral da coluna vertebral que pode também resultar numa torção que puxa a caixa torácica para fora da posição.

Fisioterapeuta — um profissional de saúde formado em fisioterapia. Os fisioterapeutas usam uma variedade de procedimentos terapêuticos para ajudar as pessoas em um grande rol de distúrbios físicos. Usam massagem e manipulação para aliviar dores musculares e rigidez, além de ajudar a circulação em várias partes do corpo. Também usam calor, frio, corrente elétrica, ultrassom, tratamento com luz e hidroterapia. O mais importante é que eles são especialistas no uso de exercícios terapêuticos, geralmente desenvolvidos sob medida para as necessidades individuais.

Glossário

Homeopatia — um sistema terapêutico de medicina que faz uso de substâncias muito diluídas que são tidas como causas em pessoas saudáveis dos sintomas que pretendem contrariar, ou seja, "os semelhantes curam-se pelos semelhantes". O método foi desenvolvido por Samuel Hahnemann (1755 a 1843) e é agora praticado em todo o mundo.

Ligamento — uma pequena faixa resistente de tecido que conecta as pontas dos ossos, juntando-as para formar as articulações. Têm uma função de apoio e de amortecimento e também limitam os movimentos das articulações.

Lombar — a região inferior das costas, entre a pélvis e o peito.

Lordose — a curva para a frente da coluna lombar.

Lumbago — nome não específico para a dor na região lombar das costas.

Medicina ortopédica — uma especialidade da medicina que diagnostica e trata distúrbios não cirúrgicos do sistema musculoesquelético com uma variedade de técnicas de manipulação: agulhamento seco ou acupuntura, infiltração nas articulações, injeção de anestésicos locais ou esteroides, entre outros tratamentos de alta tecnologia.

Método Dorn — uma terapia manual suave que vem ganhando popularidade aos poucos no Reino Unido e em outros países.

O ciclo vital — um conceito que permite ao indivíduo olhar para os diferentes aspectos de sua vida, inclusive sintomas físicos, emoções, pensamentos, comportamento, estilo de vida e relacionamentos, de uma maneira organizada e de forma a enxergar como a modificação de diferentes aspectos pode oferecer múltiplas estratégias para lidar com qualquer problema crônico.

Osteomiologista — um profissional pós-graduado em terapia manipulativa e de massagem — médico ou fisioterapeuta.

Osteopata — um profissional (médico ou fisioterapeuta) que pratica uma forma de terapia manipulativa.

Prolapso — quando uma parte do corpo escorregou para fora de sua posição. No caso de prolapso de um disco intervertebral, o material interno semelhante a uma geleia escorre através do anel fibroso causando pressão nos nervos próximos.

Psiconeuroimunologia (PNI) — o termo refere-se à interação da mente (psique), o sistema nervoso (neuro) e o sistema imunológico. Demonstra como o estresse pode afetar outros sistemas do corpo.

Quiroprático — um profissional prático de uma forma de terapia de manipulação chamada quiropraxia. Em geral são fisioterapeutas ou massagistas profissionais.

Rolfing — também conhecida como integração estrutural, esta é a forma de trabalho corporal que reorganiza os tecidos conectivos, chamados fascia, que permeiam o corpo inteiro.

Rubefaciente — um agente de fricção, por exemplo, uma pomada, linimento ou unguento, que produz um efeito de aquecimento na pele para ajudar a aliviar a dor mais profunda.

Sistema neuromuscular — os músculos de todo o sistema locomotor e seus suprimentos nervosos.

Técnica de Alexander — um sistema de consciência corporal.

Técnica de Bowen — um método de massagem holística conforme criada pelo falecido Tom Bowen.

Torácica — a região da coluna vertebral que forma o peito.

Três curvas — costas saudáveis possuem três curvaturas naturais: uma ligeira curva para a frente no pescoço (curvatura cervical), uma ligeira curva para trás na parte superior (curvatura torácica) e uma ligeira curva para a frente na parte de baixo das costas (curvatura lombar).

Tronco — o nome dado ao torso, ou ao peito e ao abdômen unidos.

Vértebra — os ossos individuais da coluna vertebral.

50 coisas que você pode fazer para combater a dor nas costas
foi impresso em São Paulo/SP pela RR Donnelley,
para a Editora Lafonte Ltda., em outubro de 2011.